MARCO POLO

Singapur

Reisen mit **Insider Tipps**

Diesen Reiseführer schrieb Rainer Wolfgramm. Die Aktualisierung besorgte Dr. Christoph Hein, Asien-Korrespondent der Frankfurter Allgemeinen Zeitung mit Sitz in Singapur.

www.marcopolo.de
Infos zu den beliebtesten Reisezielen im Internet, siehe auch Seite 96

SYMBOLE

 MARCO POLO INSIDER-TIPPS:
Von unseren Autoren für Sie entdeckt

★ **MARCO POLO HIGHLIGHTS:**
Alles, was Sie in Singapur kennen sollten

🌟 **HIER HABEN SIE EINE SCHÖNE AUSSICHT**

🏃 **WO SIE JUNGE LEUTE TREFFEN**

PREISKATEGORIEN

Hotels		**Restaurants**	
€€€	über 110 Euro	€€€	über 40 Euro
€€	60–110 Euro	€€	15–40 Euro
€	unter 60 Euro	€	unter 15 Euro

Die Preise gelten pro Nacht für zwei Personen im Doppelzimmer ohne Frühstück.
Steuern und Trinkgeld sind im Preis enthalten.

Die Preise gelten für eine Vorspeise, ein Hauptgericht und ein nichtalkoholisches Getränk.
Steuern und Trinkgeld sind im Preis enthalten.

KARTEN

[108 A1] Seitenzahlen und Koordinaten für den Cityatlas Singapur und die Übersichtskarte Singapur auf S. 118/119

Einen U-Bahn-Plan finden Sie im hinteren Umschlag.

Zu Ihrer Orientierung sind auch die Objekte mit Koordinaten versehen, die nicht im Cityatlas eingetragen sind.

GUT ZU WISSEN

Adressen **8** · Die Lee-Familie **11** · Entspannen & Genießen **23**
Richtig fit! **25** · Neuland **31** · Kunst unter freiem Himmel **42**
Literatur **45** · Singapurs Spezialitäten **52** · Singlish **65**

INHALT

DIE BESTEN MARCO POLO INSIDER-TIPPS vorderer Umschlag

DIE WICHTIGSTEN MARCO POLO HIGHLIGHTS 4

AUFTAKT 7
Entdecken Sie Singapur!

STICHWORTE 13
Mr. Kiasu und seine Liebe zur Mall

FESTE, EVENTS UND MEHR 16

SEHENSWERTES 19
Tradition und Moderne

MUSEEN 39
Zurück in die Zukunft

ESSEN & TRINKEN 47
Vielfalt heißt das Zauberwort

EINKAUFEN 57
Geld ausgeben als Lebenselixier

ÜBERNACHTEN 67
Schlafen im Shophouse

AM ABEND 75
Auf den Partymeilen der Stadt

STADTSPAZIERGÄNGE 83
Morgens in China, mittags in Indien

AUSFLÜGE & TOUREN 89
Strände und Dschungel

ANGESAGT! 94

PRAKTISCHE HINWEISE 95
Von Anreise bis Zoll

SPRACHFÜHRER 101

CITYATLAS SINGAPUR MIT STRASSENREGISTER 105

KARTENLEGENDE CITYATLAS 107
MARCO POLO PROGRAMM 125
REGISTER 126
IMPRESSUM 127

BLOSS NICHT! 128

Die wichtigsten
MARCO POLO Highlights

Sehenswürdigkeiten, Orte und Erlebnisse, die Sie nicht verpassen sollten

1 Raffles Hotel
Ein Schmuckstück aus der kolonialen Vergangenheit Singapurs (Seite 23)

2 Botanic Gardens
Für Jogger und Spaziergänger ein wunderbarer Ort: Erholung pur in den Botanischen Gärten (Seite 25)

3 Singapore Zoological Gardens & Nightsafari
In dem preisgekrönten Zoo haben die Tiere viel Auslauf: Sie grasen direkt neben den Wegen (Seite 29)

4 Sri Mariamman Temple
Mitten in Chinatown ehren auch die Inder ihre Götter; Besucher kündigen sich per Glockenklang an (Seite 32)

5 Thian Hock Keng Temple
Glänzendes Juwel zu Ehren Buddhas im Schatten der Wolkenkratzer von Chinatown (Seite 34)

6 Chinatown
Chinatown ist das ganze Jahr über eine der Top-Attraktionen; trotz groß angelegter Sanierung ist der Charme des Viertels noch unwiderstehlich (Seite 35)

7 Little India
Das Viertel Little India erlaubt einen Kurzausflug zu den farbigen Seiten des Subkontinents, ohne das behütete Singapur zu verlassen (Seite 36)

Die Bürotürme von Suntec City

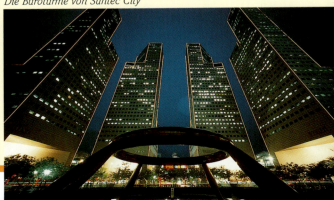

Sri Mariamman Temple

Straßenszene in Little India

 Marina City
Mit dem Zentrum Esplanade Theatres on the Bay bekam die City ihr kulturelles Herz (Seite 36)

 Orchard Road
Noch macht der Orchard Road keiner Platz eins unter den Einkaufsadressen streitig, obwohl die Konkurrenz wächst (Seite 37)

 Asian Civilisations Museum
Mitten im Kolonialviertel gibt das frisch renovierte Museum Einblick in die Kulturen der Region (Seite 39)

 Lau Pa Sat Festival Market
Ein superfrisches Mittagessen bekommen Sie bei den Hawkern, aber auch abends lohnt sich ein Besuch dieser altmodischen Halle (Seite 49)

 IndoChine Waterfront
Bistro, Bar und Restaurant direkt am Fluss mit Blick auf die Skyline – ein abendliches Muss (Seite 53)

 Suntec City
Shop till you drop – das geht auch in der Stadt in der Stadt: in Suntec City (Seite 60)

 Dempsey Road
Mekka für Fans von Asiatika: An der Dempsey Road kann man stundenlang in Lagerhallen stöbern (Seite 62)

 Underwater World
In der Unterwasserwelt auf Sentosa bietet der feuchte Streichelzoo ganz neue maritime Erfahrungen (Seite 90)

 Die Highlights sind in der Karte auf dem hinteren Umschlag eingetragen

AUFTAKT

Entdecken Sie Singapur!

Hinter westlicher Fassade entfalten sich der Zauber und Charme Asiens

Asien für Anfänger? Aseptischer Häuserhaufen ohne Gesicht, ohne Seele gar? Wohl kaum eine Stadt in Südostasien ist so klischeebehaftet wie die 4-Mio.-Menschen-Metropole Singapur. Jeder meint das kleine Tropeneiland am Zipfel des südostasiatischen Festlands – 42 km lang, maximal 23 km breit – zu kennen: Die meisten Besucher denken an Marathon-Einkaufstouren auf der Orchard Road. Oder an den berühmten Cocktail *Singapore Sling*, ein Relikt aus längst vergessener Zeit, als die Stadt britische Kronkolonie war. Und kein Besucher, der nicht über *fine city*, die schöne Stadt der Strafen, witzeln würde.

Ganz so abwegig sind die Klischees natürlich nicht. Die Stadt ist insofern »Asien light«, als sie es Europäern leicht macht, sich schnell wohl zu fühlen. Wer auch nur ein bisschen Englisch spricht, kann Singapur problemlos auf eigene Faust erkunden. Er wird essen und trinken können, wo und wonach ihm der Sinn steht. Er wird sicher sein in jeder Ecke der Stadt.

Kunst dekoriert den Blick auf Singapurs Wolkenkratzer im Central Business District

Wahrsager in Little India

Und er wird überall auf freundliche Passanten treffen, die ihm weiterhelfen und – nicht ohne Stolz – die Heimat erklären. Dazu gehört auch, dass Singapur berühmt ist für seine drakonischen Strafen bei vergleichsweise harmlosen Vergehen – stecken Sie sich in einem öffentlichen Gebäude eine Zigarette an, sind 1000 Singapurdollar Strafe fällig. Natürlich belächeln auch die Einheimischen diese Maßnahmen. Jedoch nur, um ein wenig trotzig anzufügen, dass es funktioniert: »Oder haben Sie etwas gegen eine saubere Stadt?«

Natürlich nicht – und deshalb kommen jährlich 8 Mio. Besucher ins Tropenparadies, allein 150 000 aus Deutschland. Sie genießen den zuvorkommenden Service in den Hotels, schwelgen im kolonialen

Adressen

So finden Sie sich in Singapur zurecht

Die Adressangaben in Singapur sind gewöhnungsbedürftig: bei einem größeren Gebäude enthalten sie oft das Stockwerk. So lautet die Anschrift der Lufthansa 390 Orchard Road, #05-01 Palais Renaissance. Das bedeutet, Sie finden das Büro auf der Orchard Road in der fünften Etage (#05) des Einkaufszentrums Palais Renaissance. Auf der Etage tragen die Läden und Büros Hausnummern. Lufthansa hat die Nummer 1 (-01).

Flair unter Palmen und geben sich dem supermodernen Luxus dieser Stadt hin: Von 10 bis 22 Uhr klingeln sieben Tage die Woche die Kassen der Shoppingmalls.

Wer es allerdings bei Erfahrungen im Einkaufsparadies belässt, nimmt einen reichlich oberflächlichen Eindruck mit nach Hause. Denn tatsächlich ist die Vielvölkerstadt mit ihren 77 Prozent Chinesen, 14 Prozent Malaien und acht Prozent Indern sehr wohl auch eine echte asiatische Metropole. Tolerant leben Buddhisten, Moslems, Hindus und Christen nebeneinander. Zwei Feiertage wurden aus jeder Religion bestimmt, die jeweils inselweit gelten. Beim Bummel durch Stadtteile wie Chinatown oder Little India schauen Sie hinter die modern-westlichen Fassaden der Metropole, die Singapur auf den ersten Blick zu prägen scheinen. Der Alltag wird heute noch von den Traditionen aus den jeweiligen Heimatländern bestimmt. In leuchtend bunten Saris erledigen Frauen in Little India ihre Einkäufe, in Chinatown sind meist ältere Frauen im bequemen China-Look unterwegs, in pyjamaähnlichen Blusen-Hosen-Kombinationen. Entzückend sehen die malaiischen Kinder aus, wenn sie fein gemacht auf dem Weg in die Moschee sind.

Kann ein Spaziergang auf Grund des drückend heißen Tropenklimas sehr anstrengend sein, werden die Mühen mit faszinierenden Eindrücken aus einer anderen Welt belohnt: Lassen Sie die unruhige Atmosphäre in einem der vielen Hindutempel auf sich wirken, schauen Sie nicht nur kurz hinein. Gerne wird man Ihnen die fremden Gottheiten erklären; wenn Sie freitags unterwegs sind, kann es Ihnen passieren, dass Sie zu einer gemeinsamen Mahlzeit eingeladen werden. Beim Bummel durch Chinatown steigt Ihnen nicht nur in den chinesischen Tempeln, sondern auch an vielen Ecken des Viertels der Duft von Räucherstäbchen in die Nase: Auf kleinen Altärchen sind die duftenden Essenzen in bunte Früchte gesteckt.

Zwischen den Hochhäusern, in die Geschäftsleute aus aller Herren Länder strömen, entspannen sich die Singapurer in ihren vielen Grünanla-

> **Traditionen bestimmen den Alltag**

AUFTAKT

gen bei einem geruhsamen Schwätzchen. Der Rentner im Feinrippunterhemd und die Geschäftsfrau im edlen Kostüm treffen sich mittags beim *hawker stall* um die Ecke: Die Liebe zum Essen vereint Junge wie Alte, Reiche wie Arme, Chinesen, Malaien und Inder.

Singapur ist ein internationales Finanz- und Wirtschaftszentrum und versteht sich völlig zu Recht als *hub*, als Dreh- und Angelpunkt der Region, von dem aus nicht nur die unmittelbaren Nachbarn Indonesien und Malaysia profitieren, sondern Südostasien insgesamt. Mehr als zwei Drittel aller Waren, die Europa nach Südostasien schickt, werden über Singapurs imposanten Containerhafen in die umliegenden Länder verschifft.

Auch ist Singapur ein Hafen der Stabilität in einer fragilen Region. Die Regierungspartei Peoples Action Party (PAP) lenkt, begleitet von staatstreuen Medien, eine Regierung, die so lange behütend ist, wie niemand den Konsens in Frage stellt. Dabei ist es nicht so, dass es den anderen Parteien grundsätzlich an Unterstützung mangelte: Viele Singapurer wünschen sich eine Kraft, die der PAP auf die Finger schaut; wohl nur der Respekt vor der Partei des so autokratischen wie charismatischen Staatsgründers Lee Kuan Yew und ihres Quasi-Monopols auf Posten, Karrieren und Einfluss hält Kritiker davon ab, sich als Konkurrenten zu bewerben. Aus europäischer Sicht bleibt ein bitterer Beigeschmack, und es gibt Singapurer, die die politische und soziale Kontrolle als Entmündigung empfinden. Gewerkschaften sind zu Regierungsinstrumenten umfunktioniert worden, ausländische Zeitungen werden zensiert.

> **Dreh- und Angelpunkt der Region**

Bummeln unterm Regenschirm an der Orchard Road

Vom Fluss aus hat man freie Sicht auf Singapurs neue Bauten: im Vordergrund das Kulturzentrum Esplanade Theatres, dahinter Suntec City

Dennoch: Die Mehrheit der Bevölkerung ist mit ihrer Regierung zufrieden. Die Arbeitslosenzahlen halten sich trotz Wirtschaftsflaute in relativ engen Grenzen, es gibt einen gut ausgebildeten, zufriedenen Mittelstand, ein akzeptables soziales Netz und einen egalitären, sozialen Wohnungsbau. Zudem wird der Inselstaat von allen umliegenden Ländern um sein hervorragendes Gesundheitssystem beneidet. Die Kriminalitätsrate ist niedrig, das subjektive Sicherheitsgefühl viel größer als in anderen Großstädten. Das macht den Aufenthalt so angenehm – nicht nur für Besucher, die zum ersten Mal in Asien unterwegs sind.

» *Die Urwaldinsel wird zum wichtigen Handelshafen* «

Singa Pura, Löwenstadt, taufte ihr Entdecker, der indische Prinz Nila Utama, gegen Ende des 13. Jhs. dieses Küstendorf, nachdem ihm ein imposantes Wesen im dichten Tropenwald erschienen war, das er für einen Löwen hielt. »Singa« ist das Wort aus dem Sanskrit für Löwe. Dank seiner günstigen geografischen Lage an der Malakka-Seestraße entwickelte sich der Flecken durch siamesische, indische, javanische und malaiische Kaufleute zu einem kleinen Handelsstützpunkt. Der Brite Sir Thomas Stamford Raffles, der im Januar 1819 dort landete, erkannte die strategische Bedeutung des Ortes, dessen auf 300 Ew. geschätzte Bevölkerung zum Sultanat von Johor an der Südspitze Malaysias gehörte. Raffles akquirierte die Insel für die britische East India Company und legte so den Grundstein für die Zukunft Singapurs.

In knapp 50 Jahren rodeten indische Sträflinge den malariaverseuchten Dschungel, bauten Straßen und Kanäle. Chinesische Kulis

AUFTAKT

schleppten Elfenbein und Gewürze, Tee, Seide, Edelhölzer und Opium, später auch Zinn und Kautschuk von den Schiffen in die Lagerhäuser. 1911 lebten bereits 250 000 Menschen in Singapur; sie gehörten 48 Ethnien an, die meisten kamen aus den Südprovinzen Chinas, viele aus Indonesien, Malaysia und Indien.

Für die britischen Kolonialherren war Singapur wichtiger und angeblich bestens befestigter Stützpunkt – von der Seeseite her uneinnehmbar für jeden Angreifer. Doch die Japaner, die während des Zweiten Weltkrieges Asien unter ihre Kontrolle zu bringen gedachten, benutzten bei ihrem Eroberungszug – Fahrräder! Sie radelten die Malaiische Halbinsel hinunter und eroberten das von dieser Seite ungeschützte Singapur am 15. Februar 1942. Bis zur Kapitulation am 21. August 1945 herrschten die japanischen Streitkräfte mit Brutalität auf der Insel. Die Briten kamen danach zurück, Singapur wurde Kronkolonie. Zum Wahrzeichen der Stadt erkor man das Fabeltier, das Prinz Nila Utama einst zu sehen glaubte: Merlion heißt es – und trägt ein Löwenhaupt über dem Fischschwanz.

Als Standbild grüßt Merlion heute die Besucher auf Sentosa, am Hafen und in den Andenkenläden. Schon die Fahrt vom Flugplatz in die Stadt verspricht, was Singapur hält: Palmen wiegen sich im Wind, links blitzt das Meer auf, jede Brücke ist üppig mit Orchideen bepflanzt. Besucher sind immer wieder überrascht und begeistert von der gepflegten, blumengeschmückten Großstadt, in der es sich so angenehm leben lässt. Und das, obwohl sie sich kräftig herausputzt: Im Zentrum entstehen Großprojekte wie die neue Management University, die U-Bahn MRT bekommt neue Strecken, Sehenswürdigkeiten werden renoviert und ausgebaut.

》 *Eine grüne, gepflegte Großstadt* 《

Die Lee-Familie

An ihr führt kein Weg vorbei

Den Aufstieg ihres Landes schreiben die Singapurer ihrem Staatsgründer Lee Kuan Yew zu. Er führte es in die Unabhängigkeit, formte mit harter Hand aus der heterogenen Bevölkerung eine Einheit. Seine Peoples Action Party (PAP) gewinnt bei allen Wahlen. Dabei gibt es andere Parteien und die Abstimmungen sind demokratisch. Die PAP aber überzeugt die Singapurer, und sowohl der wirtschaftliche Aufschwung wie auch das gute Krisenmanagement scheinen ihnen Recht zu geben. Als »Minister Mentor« zieht Lee Senior bis heute die Fäden im Hintergrund. Sein ältester Sohn Lee Hsien Loong ist seit Sommer 2004 Ministerpräsident, seine Frau führt die machtvolle Staatsholding, sein jüngerer Bruder den Staatskonzern Singapore Telecom Ltd.

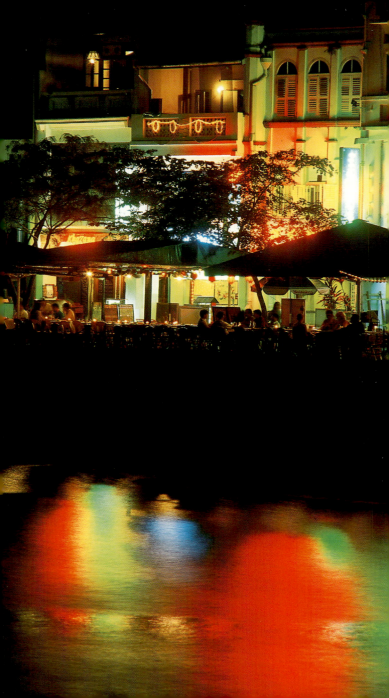

STICHWORTE

Mr. Kiasu und seine Liebe zur Mall

Von den fünf Cs und dem Leben im vollklimatisierten Wunderland

Abkürzungen
Mit der MRT vom HDB in die Stadt, statt auf dem verstopften PIE im Stau zu stehen und dann noch am ERP bezahlen zu müssen? Wer jetzt nur noch Bahnhof versteht, braucht einen Schnellkurs im Singapore-Speak, der vor Abkürzungen nur so wimmelt. Sie lassen sich im Alltag schnell lernen, doch kommen immer neue hinzu. Zur Auflösung: MRT ist der Mass Rapid Transport, die U- und Schnellbahn. HDB steht für Housing Development Board, das die regierungseigenen Wohnungen vergibt. Es steht aber auch als Synonym für die Hochhaustürme in den Satellitenstädten Toa Payoh, Pasir Ris oder Tampines. Die Wohnungen gelten als eine Art Lebensversicherung, von jung an wird auf den Besitz gespart. PIE ist der Pan Island Expressway, eine der Singapurer Autobahnen. Und ERP bezeichnet das Electronic Road Pricing – ein Mautsystem, bei der die Gebühr für Straßen, aber auch viele Parkhäuser automatisch von einer Chipkarte im Auto abgelesen wird. Die Brücken etwa über der Orchard Road, an der die Lesegeräte befestigt sind, sind nicht zu übersehen.

Fengshui
Aufs richtige Fengshui kommt es nicht nur in Hongkong und Taiwan an, sondern auch in Singapur. Fengshui (übersetzt »Wind und Wasser«) ist die chinesische Kunst der Geomantik, des Erkennens von guten und schlechten Einflüssen, die von der Umgebung eines Hauses ausgehen und sich auf Gesundheit und Geschäftserfolg auswirken. Harmonie heißt das Zauberwort, und so werden die Ausrichtung eines Gebäudes, die Lage der Fenster und Türen genau festgelegt. Eine böse Aura haben zum Beispiel Flüsse und Kanäle vor dem Haus, sie spülen den Erfolg davon. Wasserspiele dagegen symbolisieren Glück und Wohlstand. Dreieinhalb Stunden (Preis etwa 35 S$ für Erwachsene) dauern die Fengshui-Spaziergänge, die von verschiedenen Agenturen angeboten werden. Informationen erhalten Sie beim Singapore Tourism Board.

Fünf Cs
Bei allem Stolz auf das Erreichte schaut Staatsgründer Lee Kuan Yew

Am Boat Quay stehen noch traditionelle Shophouses – heute oft als Kneipen genutzt

manchmal erschreckt auf sein Volk und sorgt sich um dessen Zukunft: Sein Leben lang hat er die Singapurer angetrieben, Geld zu verdienen und Geschäfte zu machen – mithin Singapur zu dem zu machen, was es heute ist. Die Kehrseite des Erfolgs: Zwischenmenschliches geht verloren, nur das Bankkonto zählt und der berufliche Erfolg. Dafür stehen die fünf Cs, die jeder in Singapur anstrebt: *Career* (Karriere), *Creditcard* (Kreditkarte), *Condo* (Abkürzung von Kondominium: noble Wohnanlage mit Schwimmbad) *Club* (mehrere Tausend Dollar teure Mitgliedschaft, je exklusiver, desto besser) und *Car* (Auto, in Singapur auf Grund der Einfuhrgebühren dreimal so teuer wie in Deutschland).

Hawker centres

Die kulinarische Vielfalt Südostasiens lässt sich nirgendwo so preiswert entdecken wie in den mobilen Küchen der *hawker centres*. Chinesische, malaiische, indische und in jüngster Zeit sogar japanische Köstlichkeiten werden für wenig Geld (2 bis 6 S$) serviert. Überdacht unter pustenden Ventilatoren und in den klimatisierten Kellern der Shoppingmalls wird an den Wagen gebrutzelt und gekocht. Früher waren die Garküchen, die *hawker stalls*, überall anzutreffen. Aus hygienischen Gründen wurden sie in *hawker centres* zusammengefasst. In den Shoppingmalls heißen diese *food courts*.

Kampagnen

Ohne staatliche Kampagnen geht nichts. Legendär sind die Sauberkeitsaktionen aus den 1970er-Jahren, als neben jeder öffentlichen Toilette jemand positioniert war, der die Benutzer fragte, ob er die Spülung betätigt habe. Zu Anfang des neuen Jahrtausends, von der schlimmsten Wirtschaftskrise seit der Staatsgründung heimgesucht, ermuntert der Staat sein Volk, unternehmerisch zu handeln. Nach knapp 40 Jahren, in denen der Staat alles regelte, sind Eigeninitiative und Kreativität gefragt.

Kiasu

Das Wort *kiasu* aus dem Hokkien-Chinesisch (diesen Dialekt haben die ersten chinesischen Einwanderer eingeführt) gehört seit den 1990er-Jahren zum festen Wortschatz auf der Insel. Es bedeutet übersetzt »Angst vor dem Verlieren«, und Singapurs Cartoonheld Mr. Kiasu führt den Bewohnern sehr anschaulich vor Augen, wie rücksichtslos sie sich benehmen: Mr. Kiasu will immer gewinnen – am Grabbeltisch im Kampf um die besten Angebote wie beim Drängeln beim Betreten eines Aufzugs. Schlimmer noch ist es in der U-Bahn, wenn die aussteigenden Fahrgäste kaum eine Chance gegen einsteigende Passagiere haben. Zähne knirschend stellt Mr. Kiasu sich zwar in die Warteschlange für ein Taxi, schummelt sich aber bei der kleinsten Gelegenheit nach vorne. Mr. Kiasu versucht immer und überall Rabatt zu bekommen – nicht etwa humorvoll-freundlich verhandelnd, sondern grob und rücksichtslos. Sind alle Singapurer *kiasu*? Natürlich nicht. Aber es hat schon seinen Grund, dass alle Mr. Kiasu kennen – und nicht ohne Grund ist der Stadtstaat wirtschaftlich seinen Nachbarländern um Längen voraus.

STICHWORTE

Mall-Mania

Einkaufszentren, Shoppingmalls genannt, sind das Herz des Stadtstaats. Weil er so gut wie kein Hinterland hat, sind die Freizeitmöglichkeiten begrenzt. Zwar gibt es Sportarenen, Wanderungen in Naturparks und unzählige Angebote, die Freizeit sinnvoll zu verbringen – doch alle Appelle sind vergebens: Die meisten Singapurer zieht es in ihrer freien Zeit in die Einkaufszentren. Diese sind täglich geöffnet, meist von 10 bis 22 Uhr. Am Wochenende kann es eine Qual sein, sich auf der Orchard Road zu bewegen: Unterirdische Wege, wie der vom Takashimaya-Einkaufszentrum zur U-Bahn-Station Orchard, gleichen Hindernisparcours. Vielköpfige Familien verbringen die Samstage und Sonntage in den klimatisierten Malls. Während der Woche sieht man Schulkinder, die auf den Fluren oder noch lieber in Fastfood-Restaurants ihre Hausaufgaben machen – weil es so schön kühl ist und nicht alle HDB-Wohnungen mit einer Klimaanlage ausgerüstet sind.

Shophouses

In Little India, in Chinatown, an der Arab Street und am Boat Quay sind sie noch zu finden – traditionelle Shophouses. Kurz bevor die letzten Häuser der frühen Einwanderer dem Erdboden gleichgemacht wurden, besann sich die Regierung. Nun sind die Gebäude, die gerettet wurden, stolze, in schreiend bunten Farben angemalte Erinnerungsstücke an die Zeit, als noch Kulis die Waren von Schiffen in die Häuser der chinesischen Händler wuchteten. Die meisten Shophouses beherbergen heute kleinere Geschäfte oder Kneipen. Doch es gibt noch Familien, die leben wie einst: Das untere Geschoss wird als Lager- oder Verkaufsraum, das obere als Wohnraum genutzt.

Beliebter Aufenthaltsort auch am Wochenende: Shoppingmalls

Feste, Events und mehr

Tempelfeste, Bootsrennen und Umzüge

Buddhisten, Christen, Hindus und Moslems – jeder Religionsgruppe stehen in Singapur zwei gesetzliche Feiertage zu. So sind große

Hauptsache bunt: Festumzug

Feiertage einer Religions- oder Volksgruppe auch freie Tage für alle anderen; dann sind Behörden, Büros und Werkstätten großer Firmen geschlossen. Die Geschäfte und Einkaufszentren hingegen bleiben (natürlich) geöffnet. Einzige Ausnahme: Beim chinesischen Neujahrsfest steht so gut wie alles still, dann schließen auch Geschäfte früher.

Gesetzliche Feiertage

1. Jan. *Neujahr;* **Ende Jan./Anfang Feb.** *Hari Raya Haji;* **Ende Jan./Anfang Feb.** *Chinesisches Neujahr;* **Karfreitag;* **1. Mai** *Tag der Arbeit;* **Ende Mai/Anfang Juni** *Vesak-Tag;* **9. Aug.** *Nationalfeiertag;* **Ende Okt./Anfang Nov.** *Deepavali;* **Nov.** *Hari Raya Puasa (Ramadan);* **25. Dez.** *Weihnachten*

Feste
Januar/Februar

★ *Chinesisches Neujahrsfest:* Schon Tage vorher ist die Stimmung in der ganzen Stadt zu spüren: Häuser und Straßen werden festlich rot-golden geschmückt, die Einkaufszentren übertreffen sich gegenseitig. Immer wieder treten Trommelgruppen auf, Löwen- und Drachentänzer sind unterwegs. Am Hafen gibt es eine *Kirmes* und als Höhepunkt ein großes, staatlich organisiertes *Feuerwerk* (normalerweise sind Feuerwerkskörper verboten). Zum Neujahrs- oder Frühlingsfest, wie es auch genannt wird, versammeln sich die chinesischen Familien.

Februar

Insider Tipp *Thaipusam:* Höchst dramatisch geht es zu Ehren des hinduistischen Gottes Muruga zu: Kavadi werden die pfauenfedergeschmückten Käfige genannt, deren Drahtenden sich Gläubige in ihre Haut rammen: Die Metallgestänge werden sodann in einer Prozession über die Straßen getragen. Manche Männer legen den gut drei Kilometer langen Weg zwischen den Tempeln Sri Srinivasa Perumal und Sri Thendayuthapani auf Nagelschuhen zurück – nicht ohne vorher unter geistlicher Aufsicht wochenlang gefastet und meditiert zu haben.

März/April
Insider Tipp *Ching-Ming-Fest:* Chinesische Mischung aus Allerheiligen und Ostern: Auf den Friedhöfen gehen zu Ehren der Verstorbenen Mercedes-Autos, Rolex-Uhren und Computer in Flammen auf – allerdings sind die Schätze nur aus Papier. Die guten Sachen werden über den Rauch ins Jenseits transportiert und sollen das Leben des Verstorbenen luxuriös gestalten.

Mai/Juni
Great Singapore Sale: Gut einkaufen kann man zwölf Monate im Jahr. Doch beim Great Sale macht es noch einmal so viel Spaß: Wer auf dem Markt ein Huhn kauft, bekommt dazu ein Ei geschenkt, und in den Malls hat fast jedes Geschäft kräftig reduziert.

Juni
Drachenbootfest: Einst initiiert im Gedenken an Chinas Gelehrten Qu Yuan, der sich vor 2400 Jahren aus Gram über die Korruption im Staat ertränkte und dem Fischerboote zu Hilfe eilten – heute ein ausgelassenes Spektakel in der Marina Bay.

August
Fest der hungrigen Geister: Überall in der Stadt stehen kleine Altäre, auf denen den Verstorbenen Obst geopfert wird. Zentrum ist vor allem Chinatown, dort werden Straßenopern gespielt, um die bösen Geister abzulenken.

September/Oktober
Thimithi: Zu Ehren der Göttin Draupathi laufen Gläubige im Hof des Sri-Mariamman-Tempels über glühende Kohlen.

November
Hari Raya Puasa: Der muslimische Fastenmonat ist eine gute Gelegenheit, Spezialitäten der malaiischen Küche kennen zu lernen. Denn gefastet wird nur am Tag – abends herrscht großer Trubel an den Essständen in der Nähe der Moscheen.

Weihnachten in Singapur

SEHENSWERTES

Tradition und Moderne

Ursprüngliches Leben in Chinatown und Little India – und ein paar Straßen weiter pulsiert die Metropole

Ob beim Stadtspaziergang zwischen den Wolkenkratzern im Central Business District oder entlang der kleinen Shophouses in den Stadtvierteln Chinatown und Little India oder bei der Erkundung Singapurs zahlreicher Parks und Gärten – die Regel Nummer eins lautet immer und überall: Gehen Sie langsam durch die Stadt. Packen Sie sich Ihr persönliches Sightseeing-Programm keinesfalls zu voll. Denn im tropischen Stadtstaat ist schon ein kurzer Spaziergang wegen der heißen Temperaturen meist über 30 Grad und vor allem des schwülen, drückenden Klimas sehr anstrengend. Wer ausreichend Pausen einlegt und viel Mineralwasser trinkt, kommt besser mit der hohen Luftfeuchtigkeit zurecht.

Die Stadt lässt sich wunderbar zu Fuß entdecken. Die Viertel Chinatown, Little India und Arab Street hat Sir Stamford Raffles, der Gründungsvater Singapurs, einst angelegt – er hielt es für sinnvoll, die Ethnien zu trennen. Heute lächelt die Multikulti-Gesellschaft darüber, denn in Little India sind so

Ihn zu berühren bringt Glück

viele chinesische Geschäftsleute zu finden wie indische Schneider in Chinatown – aber dennoch: Bei Spaziergängen durch diese Viertel ist der ursprüngliche Charakter der Stadtteile noch zu spüren. Nehmen Sie sich Zeit für einen geruhsamen Bummel rund um die Serangoon Road in Little India, lassen Sie sich von den freundlichen Händlern ihre von weit her kommenden Waren erklären. Im Thian-Hock-Keng-Tempel in Chinatown zeigt man Ihnen, wie mit Hilfe von Schüttelstäbchen ein Blick in die Zukunft möglich ist. Beim Bummel entlang des Flusses und in Richtung Padang bekommen Sie einen zarten Eindruck vom alten kolonialen Glanz der Metropole.

Das moderne Singapur lässt sich auf der Orchard Road, im Central

Wie hier in der Telok Ayer Street trifft man in Singapur an vielen Stellen auf eindrucksvolle Kontraste

BAUDENKMÄLER & MONUMENTE

Die Architektur der Esplanade Theatres on the Bay regt zu Diskussionen an

Business District und in der neu entstehenden Marina City entdecken. Zwischen den Wolkenkratzern und den Straßen entlang des Meeres in Richtung des neuen Kulturzentrums Esplanade Theatres on the Bay entsteht »Singapore Downtown«, ein künstlich geschaffenes, zentrales Viertel, das eines (noch fernen) Tages das Herz Singapurs bilden soll. Über dem kolonialen Zentrum drehen sich die Baukräne: Ein neues Gericht wird gebaut, die Singapore Management University zieht mitten in die Stadt und die Stadtbibliothek bekommt in Sichtweite einen Neubau.

Beim Stadtbummel kann man sich in den klimatisierten Einkaufszentren prima erholen und beim Essen pausieren. Die blitzblanken und kühlen Züge der U-Bahn MRT bieten sich nicht nur für die Ziele in der Innenstadt, sondern auch für Ausflüge in die Satellitenstädte an. Dort, in Pasir Ris, in Sembawang oder in Boon Lay, wo endlose Reihen Hochhäuser in den Himmel gewachsen sind, finden Sie Singapurs *heartland*, wie die Inselbewohner ihre Heimat fern der Innenstadt nennen. Hier gewinnen Sie kleine Einblicke in den Alltag der Singapurer. **Inside Tipp** Überdachte Gehwege führen in die Hochhausanlagen, die meist von kleinen Geschäften, so genannten »Mama- und Papa-Shops«, umringt sind. Die Märkte für frische Waren sind meist im Keller untergebracht, der Boden ist nass, deshalb werden sie *wet markets* genannt.

BAUDENKMÄLER & MONUMENTE

Chijmes [115 D1]
Bevor Sie sich die Zunge brechen: Diese Mitte 1996 eröffnete ehemalige Klosteranlage wird *Tschaims* ausgesprochen. Die fünf Gebäude

SEHENSWERTES

des Konvents wurden bereits um 1840 fertig gestellt und nach 1852 von den Schwestern des Ordens vom Heiligen Jesuskind bezogen. Der englische Ordensname lautet »Convent of the Sisters of the Holy Infant Jesus« und wird zu CHIJ abgekürzt, davon leitet sich Chijmes her. Die Gebäude sind die eigentlichen Museumsstücke und beherbergen Galerien, Restaurants, Cafés und Boutiquen. *Tgl. 8–24 Uhr (Läden tgl. 11–22 Uhr), Eintritt frei, Victoria Street/Bras Basah Road, MRT EW 13, NS 25, City Hall*

Esplanade
Theatres on the Bay [115 E2]
Im Oktober 2002 nach acht Jahren Bauzeit eröffnet, entzweit der 600-Mio.-S$-Bau die Singapurer. Kaum jemand bleibt unbeeindruckt, es scheint, als zwinge das Design zur Polarisierung. Während die Fans des Gebäudes, das ein Theater mit 2000 Plätzen, einen Konzertsaal mit 1600 Sitzen sowie eine weitere Shoppingmall beherbergt, angetan sind von der Optik, lästern böse Zungen über die Architektur. Schon vor der Eröffnung hatte die riesige Halle ihren Spitznamen weg: Durian wird sie genannt, denn mit dem stacheligen Schutz der Glasdächer erinnert der Bau tatsächlich an die pickelige Schale der Lieblingsfrucht Südostasiens, die zwar köstlich schmeckt, gleichwohl aber streng riecht. Weitere wenig schmeichelhafte Spitznamen sind »Stachel-

MARCO POLO Highlights »Sehenswertes«

★ **Chinatown**
Renovierte Shophouses und Krimskramsläden (Seite 35)

★ **Little India**
Bei Indern zu Hause – zwischen Gewürzen und Göttern (Seite 36)

★ **Raffles Hotel**
Viktorianisches Flair im Baudenkmal (Seite 23)

★ **Sri Mariamman Temple**
Ein buntes, hinduistisches Gotteshaus (Seite 32)

★ **Marina City**
Das Land für das neue Viertel wurde dem Meer abgetrotzt (Seite 36)

★ **Botanic Gardens**
Vor allem die Orchideenfarm ist beeindruckend (Seite 25)

★ **Thian Hock Keng Temple**
Glitzerndes, schön renoviertes Schmuckstück (Seite 34)

★ **Orchard Road**
Immer noch Lieblingseinkaufsmeile der Singapurer (Seite 37)

★ **Jurong Bird Park**
Farbenfrohe Vögel aller Arten (Seite 27)

★ **Singapore Zoological Gardens & Nightsafari**
Sehen Sie Tiere in riesigen Freigehegen (Seite 29)

BAUDENKMÄLER & MONUMENTE

Das renovierte Fullerton Hotel behielt seine klassizistische Fassade

schwein« und »Fliegenaugen«. Aber machen Sie sich nur selbst Ihr Bild! *www.esplanade.com, MRT EW 14, NS 26, Raffles Place, oder MRT NS 25, EW 13, City Hall*

Fullerton Hotel [115 D3]

Das Grandhotel par excellence macht kein Geheimnis daraus, dass 400 Mio. US-Dollar für seine Renovierung ausgegeben wurden. Seit der Neueröffnung im Januar 2001 hat sich das Fullerton im Herzen der Stadt etabliert – Singapurer und Touristen lieben es, auf der Terrasse zu sitzen und auf den Fluss zu schauen.

An der strategisch günstigen Stelle direkt an der Flussmündung wurde 1829 ein Verteidigungsfort gebaut. Es wurde nach dem ersten Gouverneur Sir Robert Fullerton benannt. An seiner statt wurde 1928 das imposante Fullerton-Gebäude errichtet; es galt damals als das höchste Gebäude, das je in Singapur erbaut wurde. Neben der City Hall und dem Supreme Court ist es der dritte historische Monumentalbau Singapurs. Das Gebäude hat seine neoklassizistische Fassade eines kolonialen Regierungsgebäudes behalten. Innen ist das 400-Zimmer-Nobelhotel supermodern eingerichtet – und wer dort nicht wohnen kann, sollte zumindest einen Kaffee auf der Terrasse einnehmen oder die Toiletten in der Lobby besuchen, um die hübschen Glaswaschbecken zu bestaunen. *1 Fullerton Square, MRT EW 14, N 26 Raffles Place*

Inside Tipp

Istana [110 A–B4]

Die Istana – malaiisch für Palast – war früher die Residenz des Repräsentanten der britischen Krone und ist heute der offizielle Wohnsitz des Präsidenten von Singapur. Das prachtvolle Gebäude inmitten einer riesigen Parkanlage (der Eingang

SEHENSWERTES

liegt direkt an der Orchard Road) bekommen normale Singapurer und Touristen nur fünfmal im Jahr zu sehen: am 1. Januar und am 1. Mai sowie am chinesischen Neujahrstag, an Hari Raya Puasa und Deepavali. *Orchard Road, MRT NS 24, NE 6, Dhoby Ghaut*

The Old Parliament (The Arts House) [115 D2]

Das weiße Gebäude im Herzen der Stadt am Singapore River blickt auf eine wechselvolle Geschichte zurück: 1829 vom irischen Architekten George Coleman als Kaufmannshaus gebaut, wurde es zum Gericht umgewidmet. Dann zog das Parlament ein. Auch als Symbol für den angestrebten Wandel Singapurs zur Kunstmetropole ist es zu verstehen, dass das ehemalige Old Parliament House 2004 in The Arts House umgetauft und als Galerie und Veranstaltungszentrum mit Restaurant wieder eröffnet wurde. Zuvor war das Parlament des Stadtstaates einige hundert Meter weiter den Fluss hinauf in einen Neubau umgezogen. *Parliament Lane Ecke High Street, www.theartshouse.com.sg, MRT EW 13, NS 25, City Hall*

Raffles Hotel [111 D6]

★ Die »Große Alte Dame des Ostens« ist dem Jungbrunnen entstiegen, die Legende lebendig wie nie zuvor. Sie begann, als 1887 drei armenische Brüder namens Sarkies einen Bungalow direkt an der Strandpromenade mieteten und zu einem Hotel umwandelten. Die Sarkies, die ihre Herberge nach Sir Stamford Raffles benannten, bauten um und an, bis das Raffles zum ersten Haus am Platz wurde. Kaiser, Könige und Präsidenten, Regierungschefs und Stars aus allen Bereichen des Showgeschäfts wohnten im Raffles, in der Writers Bar trafen sich Schriftsteller und Journalisten aus aller Welt, schlürften den dort erfundenen Singapore Sling, einen Cocktail auf Ginbasis mit exotischen Säften und gewaltiger Wirkung. Doch dann unterbrach der Zweite Weltkrieg die Karriere des Hotels, das zu einem Quartier für die japanischen Besatzer wurde.

Entspannen & Genießen

Massagen, Masken und Maniküre zur Entspannung auf asiatische Art

Singapurs Tourism Board will den Stadtstaat als Spa-Destination etablieren: In allen Luxushotels werden Bäder, Massagen und spezielle Behandlungen angeboten. Das Sentosa Resort & Spa (früher Beaufort-Hotel) setzt Maßstäbe mit seinem Spa-Botanica, das für 10 Mio. S$ in einer traumhaften Gartenatmosphäre erbaut wurde. Seine Pavillons im Garten sind eine Oase des Friedens und der Ruhe, in der die Sinne wieder aufleben. Das Hotel bietet einen Shuttleservice von der Innenstadt an. *Tel. 627 50 33, www.beaufort.com.sg*

BAUDENKMÄLER & MONUMENTE

Nach Kriegsende konnte das Raffles noch einmal an glanzvolle Zeiten anknüpfen, aber in den 1980er-Jahren lebte es nur noch von seinem alten Ruf. Doch anstatt es abzureißen, stufte die Regierung es als historisches Baudenkmal ein und entschied sich für eine Generalrestaurierung. Aus staatlichen und vor allem aus privaten Sammlungen wurden Teile der ursprünglichen Raffles-Ausstattung zusammengetragen. In strahlendem Weiß stellte sich 1991 das neue, alte Schmuckstück den Gästen vor.

Schreiten Sie über den Kies der Auffahrt zum kunstvoll geschmiedeten Eisenportikus, werfen Sie einen Blick in die riesige Hotelhalle, schauen Sie in der Writers Bar nach Spuren von Somerset Maugham, Hermann Hesse oder Noel Coward. Der Allgemeinheit zugänglich sind auch die hübschen Innenhöfe, der tropische Garten, sechs Restaurants, mehrere Dutzend hochklassiger Geschäfte, ein Theater, das Raffles Hotel Museum und ein Ballsaal. *Sandalen, Shorts und Hemdchen sind unerwünscht, nach 22 Uhr Zutritt nur für Hotelgäste, 1 Beach Road, MRT EW 13, NS 25, City Hall*

Supreme Court und City Hall [115 D2]

Hier treffen das koloniale Singapur und das Singapur des 21. Jhs. aufeinander: Der 1939 auf dem Gelände des früheren Grand Hotel de L'Europe fertig gestellte Gerichtshof (Supreme Court) grenzt an den Neubau des Architekten Norman Foster, der auch die Kuppel des Berliner Reichstags entworfen hat. Das neue Haus wird in der zweiten Jahreshälfte 2005 eröffnet. Symbolträchtig wird das Berufungsgericht – Singapurs höchste juristische Instanz – seinen Sitz direkt unter dem Dach beziehen.

Gleich nebenan liegt das 1929 erbaute Rathaus, vor dem die Japa-

Grüne Oase ganz in der Nähe der Einkaufsstraßen: Botanic Gardens

SEHENSWERTES

Richtig fit!

Frühaufsteher joggen im Regenwald oder unter Palmen

Sport in Singapur ist nicht jedermanns Sache: Die hohe Luftfeuchtigkeit ist ziemlich anstrengend. So steht man zum Sport am besten früh auf und joggt morgens nach Sonnenaufgang gegen 7 Uhr – dann sind die Temperaturen erträglich. In der Innenstadt bietet der Botanische Garten mit seinem 52 ha großen Areal eine traumhaft schöne Strecke. Wer die große Runde bis zum See schafft, erholt sich auf dem Bambusweg oder im Garten der Gewürze. Der Haupteingang an der Napier/Holland Road wird Tanglin Gate genannt. Aufgrund der Renovierung des Parks ist er bis Ende 2005 geschlossen. Nehmen Sie die ausgeschilderten Seiteneingänge. *Öffnungszeiten 5 Uhr bis Mitternacht*

---

ner 1945 Lord Mountbatten die Kapitulation erklärten. *St. Andrew's Road, MRT EW 13, NS 25, City Hall*

GÄRTEN & PARKS

Botanic Gardens   **[108 A2–4]**
★ Singapurs botanischer Garten liegt nur wenige Gehminuten von der Orchard Road entfernt. Auf einer Fläche von 52 ha wachsen über 2000 Pflanzenarten, gibt es tropischen Primärregenwald ebenso wie gepflegte Rasenflächen, Farn- und Rosengärten und eine Orchideenabteilung mit 2000 ganzjährig blühenden Arten. Neue Abteilungen zeigen Kakteen, Wasser- und Gewürzpflanzen, an einem See sind Enten und Eisvögel heimisch geworden.

Der jetzige botanische Garten war ursprünglich, ebenso wie ein Vorgänger, den Sir Stamford Raffles 1822 anlegen ließ, eine Versuchsanlage für wirtschaftlich nutzbare Gewächse. Raffles konzentrierte sich auf essbare Pflanzen und Gewürze, der Botaniker Henry Ridley begann Mitte des 19. Jhs. mit der versuchsweisen Anpflanzung von Kautschukbäumen, deren Samen aus ihrer Heimat Brasilien über London nach Singapur kamen. Zunächst als »mad Ridley« – verrückter Ridley – verspottet, begründete der Pionier die Gewinnung von Naturkautschuk als einen bedeutenden Wirtschaftszweig Südostasiens. Kautschukbäume bilden jetzt nur noch einen kleinen Teil der Pflanzen im Garten.

Sehenswert ist der wunderschöne *Nationale Orchideengarten* mit seinen mehr als 60 000 Pflanzen. »Vip«-Orchideen sind nach bekannten Besuchern Singapurs benannt. *Tgl. 5–24 Uhr, Eintritt frei, Orchideengarten tgl. 8.30–19 Uhr, Eintritt 5 S$, Cluny Road (Eingang Ecke Holland Road), Bus 7, 77, 105, 106, 123, 174 ab MRT NS 22, Orchard*

Chinese and Japanese Gardens   **[118 B3]**
Die Gärten sind durch eine Brücke miteinander verbunden. In beiden Gärten sind die Anlagen nach lan-

GÄRTEN & PARKS

destypischer Art gestaltet: Während die chinesischen Gartenbauarchitekten gewölbte Brücken, Pagoden, Innenhöfe und Brunnen in die Landschaftspflege einbeziehen, betonen ihre japanischen Kollegen die Einfachheit: Steinlaternen, kleine Büsche, sanfte Hügel bestimmen das Bild im »Garten der Ruhe«. Zum chinesischen Teil gehört eine *Insider Tipp* kleine, aber feine Bonsaiausstellung. Während der langen MRT-Fahrt nach Jurong bekommen die Passagiere einen guten Eindruck vom Leben in den Satellitenstädten, denn meistens fährt die MRT oberhalb der Straßen. *Tgl. 6–19 Uhr, Eintritt frei, Bonsaigarten 5 S$, MRT EW 25, Chinese Garden, dann fünf Minuten Fußweg*

East Coast Park [119 E4]

Der kilometerlange Park entlang der Ostküste ist eines der beliebtesten Ziele der Singapurer. Vermeiden Sie daher möglichst einen Besuch am Wochenende! Hier können Sie am Strand faulenzen, ein Fahrrad oder Rollerblades ausleihen oder einfach nur am Meer entlang spazieren gehen. Empfehlenswert ist ein Besuch in einem der zahlreichen Seafood-Restaurants. *Bus 16 bis Marine Terrace, dann weiter durch eine Unterführung unter der ECP-Schnellstraße; oder MRT EW 5, Bedok, weiter mit Bus 31, 197, 401 (nur So und Feiertage)*

Fort Canning Park [114 C1]

Nur fünf Minuten von der Orchard Road enfernt können Sie hier die Lungen mit frischer Luft füllen. Steigen Sie von der Fort Canning Road aus den Hügel hinauf, der früher als Singapore Hill bekannt war, und Sie stoßen auf einen heiligen Ort, auf Malaiisch: ein *Keramat*. Der Ausdruck bezieht sich auf das *Grabmal von Sultan Iskandar Shah*, dem letzten Herrscher des alten Singapura. Ob der Sultan wirklich in dem *Keramat* beigesetzt wurde, ist umstritten. Tatsache aber ist, dass sich auf dem Hügel, wie Ausgrabungen zeigten, der älteste Herrschaftssitz auf dem Boden der Stadt befand und hier schon vor 600 Jahren Menschen siedelten.

Von der alten Residenz blieb jedoch kein Stein auf dem anderen, alles wurde im 15. Jh. vom Urwald überwuchert. Die Malaien verehrten den Platz als *Bukit Larangan*, als einen heiligen verbotenen Hügel. Sir Stamford Raffles kümmerte sich nicht darum, ließ den Wald roden und baute dort sein Haus. 1858

Pagode im chinesischen Garten

SEHENSWERTES

mussten dann indische Arbeiter das Fort Canning errichten, das nach dem damaligen britischen Generalgouverneur von Indien benannt wurde. Von diesem Kapitel kolonialer Vergangenheit blieb jedoch nur ein einziger Torbogen übrig: Die Festung wurde zerstört, um einem Wasserreservoir Platz zu machen.

Oberhalb des Grabmals erstrahlt in neuem Glanz das *Fort Canning Centre*, in dem Kunst gepflegt wird: Tanz- und Theatergruppen haben hier ein Domizil gefunden. Das Haus hat allerdings weder etwas mit dem alten Singapura noch mit den Bauwerken zu tun, die dem Hügel den heutigen Namen gaben.

Am Osthang des Hügels gelangt man vom Canning Rise aus durch einen weißen neugotischen Torbogen zum alten *christlichen Friedhof* Singapurs. Auf den verwitterten Grabsteinen entdecken Sie auch den Namen George Coleman. Er war der Architekt des heutigen Parlamentsgebäudes und der Armenischen Kirche. *MRT NS 24, NE 6 Dhoby Ghaut, dann etwa 15 Min. Fußweg*

Jurong Bird Park [118 B4]

★ In diesem größten Vogelpark Südostasiens sind über 600 Arten aus aller Welt mit zusammen mehr als 8000 Exemplaren vertreten, darunter die größte Sammlung südostasiatischer Nashornvögel und südamerikanischer Tukane sowie die zweitgrößte Pinguinschau in der Welt. Durch den Park verkehrt eine Panorail genannte Einschienenbahn. Das größte Aviarium überspannt eine Fläche von 2 ha mit Tropenwald und Wasserfall, künstlichen Regengüssen und Gewittergrollen, die die bunten tropi-

Auch sie leben im Jurong Bird Park

schen Vögel aufgeregt Schutz suchen lassen. In einem Amphitheater namens *Nature Theatrette* gibt es mehrmals täglich Dia- und Tonvorführungen sowie die »All Stars Birdshow«, in der abgerichtete Vögel erstaunliche Kunststücke vollbringen. Wer es gerne ruhiger und zudem nahrhafter angeht, der kann den Parkbesuch mit einem Frühstück mit den Vögeln beginnen. *Tgl. 9–18 Uhr, Eintritt 14 S$, Panorail 9–17 Uhr (4 S$); Frühstück mit den Vögeln (9.30 Uhr am Flamingo Café), Kombiticket für Zoo und Nightsafari möglich, 2 Jurong Hill, Tel. 62 65 00 22, www.birdpark. com.sg, MRT EW 27, Boon Lay, weiter mit Bus 182, 194 oder 251*

Jurong Reptile Park [118 B4]

Im Vogelpark Frühstück mit Vögeln, im Zoo Frühstück mit Orang-Utan – um es vorwegzunehmen: Frühstück mit Krokodil wird nicht geboten. Das ginge eindeutig zu Ihren Lasten. 2500 Krokodile, mehr als 50 Arten, sind hier zu Hause, zu bewundern von oben und durch dicke Glasscheiben auch von unten im Wasser. Zu besichtigen ist zu-

Gärten & Parks

Der speiende Fischlöwe Merlion

dem die Brutstation. Denn die Tiere sind nicht etwa nur zu Ausstellungszwecken dort, sondern sollen sich als Handtaschen- und Gürtellieferanten tüchtig vermehren. Das hindert die Krokodilwärter jedoch nicht, ausgesprochen herzliche Beziehungen zu ihren Tierchen aufzubauen. Um 11.45, 14 und 16 Uhr werden freundschaftliche Ringkämpfe zwischen Mensch und Krokodil veranstaltet. *Tgl. 9–18 Uhr, Eintritt 8 S$, Jalan Ahmad Ibrahim, Tel. 62 61 88 66, Anfahrt wie Jurong Bird Park*

Marina City Park [115 F4–5]
Wem es zu hektisch geworden ist in der Stadt, schaut sich den Marina City Park an. Noch gilt das Areal, das die Singapurer dem Meer abgetrotzt haben, als ==Geheimtipp für Paare==, die einsam die Zweisamkeit genießen wollen. Ein Spaziergang im neu gestalteten Park bietet herrliche Blicke auf die Stadt. Eine große Runde wird mit dem Blick aufs Meer und die Schiffe vor der Küste belohnt. *MRT NS 27, Marina Bay*

Merlion Park [115 E2]
Singa Pura taufte Prinz Nila Utama gegen Ende des 13. Jhs. das von ihm entdeckte Fleckchen Erde. Namensgeber ist der Legende nach ein Fabelwesen, das der Prinz im dichten Regenwald erspäht haben will: halb Fisch, halb Löwe. In Singapur ist dieses Wesen als *Merlion* zum Wahrzeichen geworden. Bis vor kurzem thronte das Wappentier vor dem Fullerton Hotel, an der Einmündung des Flusses. Nach der Landgewinnung musste der 8,6 m lange Geselle umziehen. Nun schaut er am Ende des One-Fullerton-Piers wieder übers Meer. Dabei hat er auch die Skyline mit der schlichten Fassade des Ritz-Carlton, die fünf Suntec-City-Türme und das neue Kulturzentrum Esplanade im Blick. Warum die Anlage Merlion Park getauft wurde, bleibt das Geheimnis der Stadtplaner – Bäume sind jedenfalls nicht zu entdecken. Zu schön ist das Fotomotiv, wenn der Fischlöwe vor Singapurs Wolkenkratzern ins Wasser speit. Kleine Besucher haben den Mini-Merlion ins Herz geschlossen; er sprudelt im Rücken des Papas. *MRT EW 14, NS 26, Raffles Place*

Mount Faber Scenic Park [116 B–C1]
☼ Die meisten Besucher verbinden einen Ausflug nach Sentosa mit einem Abstecher auf den Mount Faber. Von dort startet die Kabinenbahn, mit der sich die Vergnügungsinsel so trefflich ansteuern

SEHENSWERTES

lässt. Doch auch wenn man das Festland nicht verlassen will, lohnt sich der schweißtreibende Aufstieg via Morse Road, denn von oben bieten sich herrliche Ausblicke auf die Skyline und den Hafen. Etwas skurril lockt ein ganz besonderer Platz zum Ausruhen: Eine Gondel der Kabinenbahn wurde aus Legosteinen nachgebaut – **Insider Tipp: in ihr können zwei bis vier Personen das Abendessen einnehmen.** *Die Bahn fährt tgl. von 8.30 bis 21 Uhr von Mount Faber über Harbour Front nach Sentosa. Hin und zurück: 9,90 S$, Glasbodenkabine 15 S$, Dinner in der Gondel 120 S$ pro Paar, Reservierung Tel. 62 70 88 55, MRT NE 1, Harbour Front, dann Bus 143, danach Aufstieg zu Fuß*

Singapore Zoological Gardens & Nightsafari [118 C2]

★ Der wunderschöne Singapurer Zoo, 1973 erbaut, wurde von Anfang an als »Open Zoo« konzipiert – das bedeutet, dass die meisten Tiere in großen, offenen Gehegen gehalten werden. Wo immer es geht, wurde auf Gitter verzichtet – meist trennen Wassergräben Besucher und Besuchte. Im Mai 1994 wurde gleich nebenan die *Nightsafari* eröffnet – ein Nachtzoo, der nicht nur nachtaktive Tiere zeigt.

Mehrfach preisgekrönt sind sowohl Zoo als auch Nachtsafari. Die Mitarbeiter legen besonderen Wert auf den Schutz von Tierarten, die vom Aussterben bedroht sind. Im *Conservation Centre* erfahren Sie mehr über die Aktivitäten. Von 9 bis 17 Uhr können Sie den Fütterungen der 3600 Tiere beiwohnen. Wer mag, meldet sich zum Frühstück oder zur Teestunde mit den Orang-Utans (9 und 13.30 Uhr) an.

Um 18 Uhr schließt der Zoo, 90 Minuten später öffnen sich die Tore der Nachtsafari: Über 40 ha erstreckt sich das Gelände, das anderthalbmal so groß ist wie das des Tageszoos. Am Eingang lodern Fackeln, über dem Gelände liegt ein fahler Schein, denn spezielle Lampen beleuchten die 1000 Tiere (110 verschiedene Arten) bis Mitternacht. Machen Sie üppigen Gebrauch von Einreibe- und Sprühmitteln zum Schutz vor Mücken. Am Eingang erhalten Besucher eine kleine Karte, die verschiedene, gut ausgeschilderte Routen vorschlägt. Wer müde ist, lässt sich mit der Bahn umherkutschieren. Es lohnt sich, den *Leopard Trail*, der eigentlich nur bis zur East Lodge führt, **Insider Tipp: noch weiter bis zu den Tieren aus Afrika** zu verlängern: Wenn in der Dunkelheit die langen Hälse der Giraffen vor dem Seeufer erscheinen, ist das schon ein malerischer Anblick. Das Prinzip der Freigehege ist in der Nachtsafari perfektioniert worden, ungefährliche Tiere grasen direkt neben den Wegen.

Zoo und Nightsafari liegen an der *80 Mandai Lake Road. Zoo tgl. 8.30–18, Nightsafari tgl. 19.30–24 Uhr (Ticketverkauf bis 23 Uhr). Eintrittspreis Zoo 14 S$, inkl. Nightsafari 25 S$, www.zoo.com.sg oder www.nightsafari.com.sg, Bus 171 bis Mandai Lake Road, Straße überqueren und mit dem Bus 138 weiter bis zur Endstation. Oder: MRT bis NS 16, Ang Mo Kio, weiter mit Bus 138 oder bis NS 4, Choa Chu Kang, weiter mit Bus 927*

RELIGIÖSE STÄTTEN

Singapur hat knapp 140 größere Kirchen, Moscheen und Tempel.

Religiöse Stätten

Daneben gibt es viele Dutzend kleinere Gebetsstätten. Alle stehen zur Besichtigung offen. Bei Gottesdiensten sollten Sie sich jedoch ruhig verhalten, nicht herumwandern und nicht fotografieren. Vor dem Betreten von Moscheen und Tempeln müssen Sie Ihre Schuhe ausziehen, und besonders in islamischen Gotteshäusern wird von Frauen dezente Kleidung erwartet (keine kurzen Hosen oder gewagten Tops; in der Sultansmoschee hält man Tücher und verhüllende Kleidungsstücke für Besucherinnen bereit). Die Hauptgebetshallen der Moscheen sind Männern vorbehalten. In den Tempeln folgen Sie am besten den Einheimischen. Sie dürfen an allem teilnehmen, können Räucherstäbchen kaufen und in die Gefäße vor den Altären stecken oder sich dem Rundgang der Gläubigen (immer links herum gehen!) anschließen. Hinterlassen Sie eine kleine Spende, denn die Gotteshäuser leben davon. *Die Gebetshäuser sind meist tgl. tagsüber geöffnet*

Armenian Church [115 D1]

Mit dem Bau dieser Kirche lieferte der Architekt George Coleman 1835 sein Meisterstück ab. Doch die Gemeinde war nicht ganz glücklich mit der Kuppel über dem Kirchenschiff: 1850 wurde stattdessen ein spitzer Kirchturm aufgepflanzt, der mit dem Portikus allerdings nicht so recht harmoniert. Viele Mitglieder der einst großen armenischen Gemeinde, Flüchtlinge aus der Türkei, wurden im Friedhof hinter der Kirche beigesetzt. Kirche und Friedhof wurden zum Nationaldenkmal erklärt. *Hill Street, MRT EW 13, NS 25, City Hall, Bus 197*

Cathedral of the Good Shepherd [110 C6]

Der Grundstein zu Singapurs ältester katholischer Kirche wurde 1843 gelegt. Ihre klaren Linien entwarf der damals prominente Baumeister J. T. Thomson. Die Kathedrale steht heute als nationales Monument unter Denkmalschutz. *Queen Street, MRT EW 13, NS 25, City Hall*

Central Sikh Temple [111 E1]

Der prachtvolle Bau, der 1986 zum 518. Geburtstag des Begründers der Sikh-Religion, Guru Nanak, eröffnet wurde, erhielt im selben Jahr Singapurs Architekturpreis. In dem Heiligtum wird das Granth Sahih, das heilige Buch der Sikhs, verwahrt. 15 000 Mitglieder dieser indischen Religionsgruppe leben heute in Singapur. *Towner Road, MRT NE 9 Boon Keng*

Chettiar Temple [114 B1]

Ein 1850 an dieser Stelle erbauter Tempel musste 1984 dem jetzigen Gebäude Platz machen. Das Dach ist so konstruiert, dass Morgen- und Abendsonne durch 48 verzierte Glasscheiben auf Innenhof und Altäre fallen können. Die *Chettiar* waren die traditionellen Geldwechsler, deren Vorfahren aus dem südindischen Madras kamen. Der Tempel ist bei Indern auch unter dem Namen *Sri Thandayuthapani Temple* bekannt und Schauplatz der Feste Thaipusam und Navarathri. *15, Tank Road, MRT NS 24, Dhoby Ghaut, NS 23, Somerset, Bus 123, 143*

Hajjah Fatimah Mosque [111 F4–5]

Diese älteste Moschee in Singapur ist architektonisch schöner als die

SEHENSWERTES

größere Sultansmoschee. Sie wurde nach einer in Malakka geborenen Malaiin benannt, die einen reichen Sultan heiratete und nach dessen Tod sein Schifffahrts- und Handelshaus so erfolgreich weiterführte, dass sie 1846 den Bau der Moschee finanzieren konnte. *4001 Beach Road, MRT EW 11, Lavender*

**Kong Meng
San Phor Kark See** [119 D3]
Dieser buddhistische Tempel aus der zweiten Hälfte des 19. Jhs. ist ein Meisterwerk chinesischer Handwerkskunst, augenfällig an den filigranen Holzschnitzereien, vor allem am Balkenwerk des Eingangs. Die Skulpturen wurden eigens für diesen Tempel in China gefertigt. An den Wänden prangen wertvolle Malereien, die Szenen aus der chinesischen Mythologie darstellen. Der Tempel und das dazugehörige Kloster liegen in einer kunstvoll gestalteten Gartenanlage mit großem Schildkrötenteich. Die Tiere sind ein Symbol langen Lebens. *88, Bright Hill Drive, MRT NS 17, Bishan, Taxi*

**Kwan Im Tong Hood
Che Temple** [111 D5] *Insider Tipp*
Zwar kann es dieser moderne buddhistische Tempel, was die Innenausstattung angeht, kaum mit anderen buddhistischen Tempeln aufnehmen – dennoch bekommen Besucher einiges zu sehen: Gläubige, die ihre Einkaufstüten rasch absetzen, um nach Bündeln mit Räucherstäbchen zu greifen, die sie andächtig zwischen den Händen halten. Vor den Buddhastatuen knien oder setzen sich die Betenden nieder. Viele versuchen, mit so genannten Schüttelstäbchen einen Blick in die Zukunft zu werfen. Auch vor dem Tempel herrscht reger Betrieb: Losverkäufer und die Betreiber der Blumenstände dürfen sich über gute Geschäfte freuen. Im

Neuland

**Singapur dehnt sich auf Flächen aus,
die früher Meeresboden waren**

In den vergangenen Jahren hat Singapur dem Meer Land abgerungen – stolze 120 km^2 sind es bisher: Von 580 km^2 dehnte sich der Stadtstaat auf 697 km^2 aus; langfristig sind 760 km^2 angepeilt. Singapurs moderner Flughafen Changi steht beispielsweise auf gewonnenem Land, bis 2006 entstehen ein drittes Terminal für Billigflieger und eine neue Landebahn. Zurzeit wird die Insel Tekong im Nordosten ausgeweitet. Das Bankenviertel ist ebenso auf aufgeschüttetem Sand gebaut wie die neue Geschäftsstadt, die gerade rund um den Hafen entsteht – unter anderem mit dem höchsten Apartmenthaus der Welt. Das Land wird durch Aufschüttung von Sand gewonnen – Sand, den das Inselland teuer in Indonesien einkaufen muss. Die frühere Küstenlinie übrigens muss man sich entlang der Beach Road vorstellen.

RELIGIÖSE STÄTTEN

Die Figuren am Sri Mariamman Temple veranschaulichen die Götterwelt

Tempel ist fotografieren streng verboten. *178, Waterloo Street, MRT EW 12, Bugis*

Maghain Aboth Synagogue [110 C6]
Vor über hundert Jahren legten arabische Juden den Grundstein zu diesem Gotteshaus. Es ist damit Sitz der ältesten jüdischen Gemeinde Südostasiens. Ihre Mitglieder kamen überwiegend aus Bagdad und nach der kommunistischen Machtübernahme aus China. Wegen der geringen Heiratschancen innerhalb der Gemeinde – obwohl auch Chinesen zum Judentum konvertierten – wandern Singapurs Juden zunehmend in die USA aus. *24, Waterloo Street, MRT EW 12, Bugis*

 Sri Krishnan Temple [111 D5]
Der jüngst renovierte hinduistische Tempel bezaubert durch seine Farbigkeit. Zeremonien werden im Alltagstrubel abgehalten, nicht selten spielt Musik auf. Die verschiedenen Götter, meist Shiva, Vishnu und Brahma, dargestellt in Vergangenheit, Gegenwart und Zukunft, sind mit frischen Blumen geschmückt. Kurios ist, dass viele Buddhisten aus dem benachbarten *Kuen Im Tong Hood Che Temple* vorbeischauen und auch den Hindu-Göttern einen Besuch abstatten. Auch Europäer sind herzlich willkommen, zum Beispiel zu den Yogaklassen im angrenzenden modernen Gebäude. *Waterloo Street, srikrishnatemple@hotmail.com, MRT EW 12, Bugis*

Sri Mariamman Temple [114 C4]
★ Das Hinduheiligtum wurde 1827 gegründet. Der jetzige Steinbau ersetzte 1843 einen Holztempel. Seither wurden immer wieder Erweiterungen und Ausschmückungen vorgenommen. Der Tempel quillt förmlich über von Schnitzereien und Skulpturen. Allein das

SEHENSWERTES

Gopuram, das Eingangstor, ist eine lange Bildergeschichte für sich. Fast täglich werden hier Hochzeiten gefeiert, abends erklingt traditionelle Musik, und zum Thimithifest findet im Innenhof der Feuerlauf statt. *244 South Bridge Road, MRT EW 15, Tanjong Pagar, MRT NE 4 Chinatown, Bus 124, 174*

St. Andrew's Cathedral [115 D1]
Das anglikanische Gotteshaus wurde 1862 von indischen Sträflingen im neugotischen Stil erbaut. Das eigenartige Weiß der Fassade und des Turmes beruht auf der noch eigenartigeren Mischung namens *Madras Churam*, die für den Verputz verwendet wurde: Muscheln, Eiweiß und Kokosnussfasern wurden eingerührt. *St. Andrew's Road, MRT EW 13, NS 25, City Hall*

Sultan Mosque [111 E5]
Das jetzige Gebäude, geistliches Zentrum der hiesigen Moslems, wurde erst im Jahr 1928 fertig gestellt und fällt durch seine riesige goldene Kuppel auf. Es besitzt die größte Gebetshalle der Stadt. *Während der Gebetsstunden kein Zutritt für Besucher, 3, Muscat Street, MRT EW 12, Bugis*

Tan Si Chong Su Temple [114 B2]
Nach Überzeugung von Singapurs Chinesen erfreut sich dieses 1876 fertig gestellte Heiligtum, das auf den Singapore River blickt, des besten *Fengshui* der Stadt. Gebete werden in diesem Tempel daher angeblich besser erhört als irgendwo sonst am Ort. Deshalb sind hier frühmorgens und abends, während der Hauptgebetszeiten, besonders viele Gläubige anzutreffen, und es gibt eine Vielzahl von Ritualen zu erleben, darunter taoistische Liturgie und das Werfen von Orakelhölzchen. *15, Magazine Road, MRT NE 4, Chinatown*

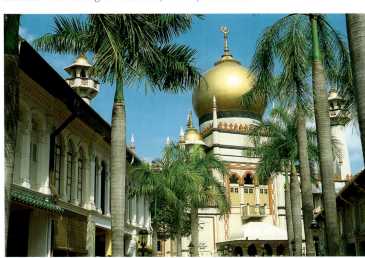

Die Sultansmoschee beeindruckt durch ihre schiere Größe

STRASSEN & STADTTEILE

Arab Street im malaiischen Viertel

Temple of
Thousand Lights [111 D–E2]

Eigentlich heißt dieser buddhistische Tempel *Sakaya Muni Buddha Gaya*. Der Volksmund nennt ihn »Tempel der 1000 Lichter«. Denn im Mittelpunkt steht eine 15 m hohe Buddhastatue, die von Lichterketten umgeben ist. Besondere Aufmerksamkeit verdienen die schönen Wandmalereien, die Buddhas Suche nach Erleuchtung darstellen. *366 Race Course Road, Bus 64, 65, 106, 111*

Thian Hock Keng
Temple [114 C4]

★ 1842 ließen chinesische Seeleute diesen Tempel an der damaligen Uferstraße errichten und weihten ihn ihrer Schutzpatronin Mazu. (Heute mag man kaum glauben, dass die Göttin damals noch direkt aufs Meer schaute.) Verwendet wurde Material aus aller Welt: Die Statue der Göttin kommt aus China, die schmiedeeisernen Geländer aus Schottland, die Kacheln aus England und Delft in Holland. Dach, Wände und Säulen sind reich mit Schnitzereien dekoriert. Gläubige entzünden vor den Altären Räucherstäbchen und verbrennen Papier, auf dem Gebete und Gelübde stehen. Die Wahrsager allerdings arbeiten mit Computer. *158, Telok Ayer Street, MRT NS 26, EW 14, Raffles Place*

STRASSEN & STADTTEILE

Arab Street [111 E4–5]

Die Araber gehörten zu den ersten Handelspartnern des alten Singapura. Die nach ihnen benannte Straße wurde zum Synonym für das malaiische Stadtviertel, das unübersehbar islamisch geprägt ist. Die *Sultansmoschee* mit ihrer goldenen Kuppel beherrscht das Gebiet zwischen Jalan Sultan und Rochor Road im Norden und Süden, zwischen Jalan Besar und Beach Road im Westen und Osten. Die Läden in den kleinen Straßen sind voll gestopft mit Kunsthandwerk und typischen Produkten des malaiischen Singapur und der benachbarten islamischen Staaten Malaysia und Indonesien, mit Leder- und Korbwaren, Parfümöl, Messingtöpfen, Batik und Seide. Wenn Sie mit den Stoffhändlern der Arab Street handeln, sollten Sie schon 10 Prozent Rabatt herausholen können.

Die Regierung hat in den vergangenen Jahren viel Geld in die Hand genommen, um das muslimische Viertel genauso zu renovieren wie Chinatown. Nachdem es auf-

SEHENSWERTES

grund hoher Mietpreise zu langen Leerständen gekommen war, ist das Viertel, das auch *Kampong Glam* heißt, nun wieder belebt. Interessant ist das Ende 2004 eröffnete Malay Heritage Centre [111 E5]. Der ehemalige Sultanspalast ist dem malaiischen Kulturerbe gewidmet. Besucher dürfen auch selber töpfern, der Angklung Töne entlocken und Batik drucken. *85 Sultan Gate, Auskunft zu Vorführungen Tel. 63 91 04 50, MRT EW 12, Bugis*

Chinatown [114–115 B–C 3–6]

★ Chinatown ist der Ort, an dem Singapur als Handelsplatz seinen Anfang nahm. Die Regierung hat 50 Mio. Euro investiert, um die vom Abriss verschonten Häuser zu restaurieren.

Ein Besuch der Straßen zwischen Pickering Street/Church Street im Norden, Telok Ayer Street/Ansons Road im Osten, Cantonment Road im Süden und New Bridge Road im Westen lohnt sich – zum einen wegen der übrig gebliebenen Architektur, vor allem aber wegen der typischen Geschäfte und ihrer Besitzer. Die erhaltenen Häuser Chinatowns erinnern an den Luxus der einstigen Kaufleute und die Macht der chinesischen Clans. In der Architektur vermischen sich chinesische Traditionen mit dorischen und korinthischen Säulen, Italien trug klassizistische Elemente bei – und was dabei herausgekommen ist, nennt man »chinesischen Barock«.

Aus dem von alten Gebäuden gesäumten Gassengewirr ragen immer wieder HDB-Hochhäuser und Shoppingmalls heraus. Letztere heißen People's Park oder Chinatown Point und sind weniger chic als ihre ultramodernen Konkurrenten *Raffles City* oder *Suntec City* – bestechen allerdings durch ihre eigenwillige Atmosphäre. *MRT NE 4, Chinatown*

Geylang Serai [119 D–E4]

Schon lange vor Ankunft der Engländer und Chinesen siedelten hier Malaien. 1840 von den Engländern vertrieben, zogen sich auch die malaiischen Fischer aus dem Pfahldorf am Singapore River hierher zurück. Einige von ihren Nachfahren haben am East Coast Park noch immer ihre Boote liegen. Gegen ein geringes Entgelt nehmen sie Touristen auf Fangfahrt mit.

Nach wie vor entfaltet sich in Geylang malaiisches Kulturleben, besonders rege an religiösen Feiertagen. Die Geschäfte führen spezifisch malaiische Produkte. Reiche Araber und Malaien errichteten in

Gebäude im typischen Chinatown-Baustil: »chinesischer Barock«

STRASSEN & STADTTEILE

Soll Teil eines neuen Stadtzentrums werden: Suntec City

diesem Stadtteil ihre Prachtvillen, oft in wuchtigem Zuckerbäckerstil. Zu muslimischen Festtagen wie dem Hari Raya am Ende der Fastenzeit wird Geylang Serai mit üppigen Dekorationen herausgeputzt. *MRT EW 8, Paya Lebar*

Little India [110–111 C–E 2–4]
★ Auf beiden Seiten der Serangoon Road, im Norden bis zur Lavender Street, im Osten an das malaiische Viertel grenzend, sind unübersehbar Inder in der Mehrzahl – Frauen im Sari, Männer mit Turbanen oder in den typischen Beinkleidern Lunghi und Dhoti. Sonntagabends ist das Gedränge am größten. Nicht nur indischstämmige Singapurer, auch Gastarbeiter aus Sri Lanka und den südindischen Bundesstaaten Kerala und Tamil Nadu versammeln sich dann zum Schwätzchen vor dem Serangoon Plaza oder am Kali-Amman-Tempel. *MRT NE 7, Little India*

Marina City [115 D–F 2–6]
★ Langsam wächst der junge Stadtteil Marina City auf dem vom Meer abgetrotzten Land. Mit dem Kulturzentrum *Esplanade Theatres on the Bay* und der mega-modernen Ausgehmeile *One Fullerton* wurde ein künstliches Herz geschaffen, die neue Downtown. Noch sind die Grenzen vage, es handelt sich dabei um das Gebiet an der Mündung des Singapur-Flusses. Das Viertel liegt nur einen Katzensprung vom Business District (die Straßen rund um den Shenton Way) und von der Promenade des Boat Quay entfernt. Marina City ist fußläufig vom *Padang* zu erreichen, dem Paradeplatz, und auch *Suntec City* gehört dazu. Die als »Stadt in der Stadt« konzipierte Shoppingmall ist von fünf Bürotürmen (Nummer fünf ist kleiner als die anderen) umringt. Man wird sehen, ob das bisherige Zentrum rund um die Orchard Road eines Tages ins Hintertreffen ge-

SEHENSWERTES

rät. *MRT EW 13, NS 25, City Hall oder MRT EW 14, NS 26, Raffles Place*

Der letzte Schrei ist eine Fahrt mit »Ducktours«, die an der Suntec City Mall zwischen Turm Nr. 5 und dem Convention Centre startet. In umgebauten Amphibienfahrzeugen aus amerikanischen Armeebeständen wird die ungewöhnliche Sightseeing-Tour angeboten. Zuerst rollt die Ente über die Straßen von Marina Bay, bis sie platschend in See sticht und den Blick auf die Metropole vom Wasser aus gewährt. *Tgl. 10–18 Uhr, Fahrpreis 33 S$, Tel. 63 33 38 25, www.ducktours.com. sg.* Wem dieses Vergnügen zu nass erscheint, der kann *Hippotours* in einem offenen Doppeldeckerbus buchen *(tgl. 10–19.30 Uhr, 23 S$).*

Orchard Road [109 D–F 4–5]

★ Sie hat Singapur als Hauptstadt aller Einkaufswütigen bekannt gemacht: die Einkaufsmeile Orchard Road. Zum Shoppingparadies zählen auch die *Tanglin Road*, in die die Orchard Road übergeht, und die die Haupteinkaufsstraße kreuzende *Scotts Road* – hier finden Sie große Kaufhäuser, kleine Edelboutiquen, Möbel, Elektronik, Computer – was Ihr Herz begehrt. Hier nur einige der großen Einkaufszentren: Der größte und edelste Kaufpalast der Orchard Road ist *Ngee Ann City* mit dem japanischen Kaufhaus *Takashimaya*. Im *Wisma Atria* und im gegenüber liegenden *The Paragon* finden Sie eher elegante Mode, im *Tangs* und im *Robinsons* richtet man sich nach dem Geldbeutel der Durchschnittsverdiener. Magnet für junge Leute ist das szenige 🏃 *The Heeren. MRT NS 22, Orchard*

Raffles Place [115 D3]

Wer sich die Hochhäuser im Zentrum einmal in Ruhe anschauen möchte, kann dies gut vom Raffles Place aus tun. Die MRT-Station *(EW 14, NS 26, Raffles Place)* liegt nah am Business District, umringt von Banken, Unternehmenszentralen und Einkaufszentren. Wer mit der MRT ankommt, sollte Ausgang B wählen und mit der Rolltreppe hinauf in Richtung Raffles Place fahren. Dort entdeckt man zur Linken das *Caltex House*, dessen hoch aufragender Turm an der Spitze eine verspielte Rundung bekommen hat. Dreht man sich weiter nach links, blickt man in Richtung Fluss. Dort steht die 1953 im klassisch-modernen Stil erbaute *Bank of China*, die mit ihren 18 Stockwerken geradezu mickrig wirkt – die riesige *Maybank* rechts daneben scheint sie fast zu erdrücken. Das weiße, stuckverzierte Gebäude war eines der ersten Hochhäuser in Singapur, amerikanische Wolkenkratzer vom Ende des 19. Jhs. standen Pate. Zwei Bauten weiter, auf der linken Seite neben der ausladenden *Standard Chartered Bank*, ist das achteckige Gebäude der *United Overseas Bank (UOB)* zu sehen. 1973 erbaut, erinnern seine beiden Türme an aufeinander gestapelte Münzen. Gegenüber dem Caltex House in Richtung Stadtmitte ist das Gebäude der *Oversea Chinese Banking Corporation (OCBC)* zu sehen: Neben der lang gestreckten Shoppingmall, die ergänzend mit dem Namen *Raffles Place One* versehen wurde, ragt der 64 Stockwerke hohe Turm auf. Eigentlich bilden ihn zwei aufeinander treffende, verschieden hohe Dreiecktürme. Weiter zur Linken ragt mit 66 Etagen *Republic Plaza* in die Höhe.

MUSEEN

Zurück in die Zukunft

Nostalgisches wird ebenso geboten wie atemberaubende High-Tech-Animationen

Singapur und die Kunst – ein junges Kapitel in der Geschichte des Insellandes. Mag sein, dass die mittlerweile 4 Mio. Einwohner in den vergangenen Jahren zu viel damit zu tun hatten, sich ihren Wohlstand zu erarbeiten, und deshalb die schönen Künste ein wenig vernachlässigten. Dafür ist nun genug Geld da, Kunst aus aller Herren Länder einzukaufen, Museen haben aufwändig restaurierte Gebäude erhalten. Im Mekka *Esplanade Theatres on the Bay* werden neben Konzert- und Theaterveranstaltungen auch Ausstellungen geboten.

Singapur setzt sich mutig und ganz bewusst in Konkurrenz zu Kuala Lumpur und Hongkong. Die Stadt bemüht sich, einen Bogen zu spannen zwischen der asiatischen und der westlichen Kultur. Alle ethnischen Gruppen Singapurs sollen angesprochen werden. Das ist nicht so einfach. Da die Einwohner Singapurs Nachfahren von Zuwanderern aus kulturell sehr unterschiedlichen Ländern sind, fällt es ihnen schwer, ihre Kulturgüter gegenseitig zu würdigen. Doch während bei

Die Dependance des Asian Civilisations Museum in der Armenian Street

indischen Tanzdarbietungen oder bei Pekingopern die jeweiligen Volksgruppen noch immer unter sich bleiben, locken Straßentheatergruppen, die inzwischen auf der Orchard Road zugelassen wurden, ein gemischtes Publikum an. Trotz des Ziels, eine eigene Singapurer Kunstwelt aufzubauen, bleibt es im Vielvölkerstaat dennoch wichtig, auch das kulturelle Erbe seiner chinesischen, malaiischen und indischen Bewohner zu konservieren.

Informationen über sämtliche Aktivitäten unter *www.nhb.gov.sg, www.spm.org.sg*.

Asian Civilisations Museum [115 D2–3, 115 D1]

★ Das Museum ist auf zwei Häuser aufgeteilt. Das frisch renovierte Haupthaus *ACM at Empress Place* gegenüber des Boat Quay konzentriert sich auf die Darstellung der Kulturen Südostasiens, Chinas, Südasiens und des Islam. Schon das 135 Jahre alte Gebäude ist ein Schmuckstück, bis 2003 saßen hier Regierungsbeamte. Heute ist es das Kernstück des aufwändig restaurierten Kolonialviertels.

An der *Armenian Street* können Besucher die Welt der *Peranakan*

MUSEEN

Chinatown Heritage Centre: Nehmen Sie Platz!

erleben. Sie sind Nachkommen der frühen chinesischen Einwanderer nach Malaysia und Singapur. Die Siedler heirateten Frauen aus Malaysia, und so entstand eine einzigartige Kultur, die malaiische und chinesische Tradition vermischte und daraus ganz neue Bräuche entwickelte. Ein kleiner Film führt in das Thema ein, bevor die weitläufige Ausstellung in dem wunderschönen, 1910 als Schulhaus erbauten Gebäude entdeckt werden kann. *Beide Häuser Mo 13–19, Di–So 9–19, Fr bis 21 Uhr, www.museum.org.sg. ACM (gegenüber des Fullerton Hotels): Eintritt 5 S$, MRT NS 26, EW 14, Raffles Place; Niederlassung Armenian Street: Eintritt 3 S$, MRT NS 25, EW 13, City Hall*

Changi Prison Chapel and Museum [119 F3]

Die dunklen Jahre des Pazifikkrieges und der japanischen Besatzung, als Changi Prison ein Konzentrationslager war, werden in den Ausstellungen wieder lebendig. Bewegende Dokumente beschreiben die Todesmärsche alliierter Kriegsgefangener. Neben dem Museum steht ein kleines Kirchlein, die Replik einer Kapelle, die während des Zweiten Weltkrieges von den Kriegsgefangenen gebaut worden war. Am ersten Samstag im Monat wird um 11 Uhr eine Messe gelesen. *Mo–Sa 10 bis 16.30 Uhr, Eintritt frei, 1060 Upper Changi Road, MRT EW 4, Tanah Merah, dann Bus 2*

Chinatown Heritage Centre [114 C3]

★ Im Zuge der Aktivitäten, Chinatown zum Touristenzentrum zu machen, entstand in drei renovierten Shophouses das Chinatown Heritage Centre. Am Beispiel einzelner Schicksale wird das Leben der Einwanderer lebhaft dargestellt.

Museen

Im Ringen um Authentizität hat man frühere Bewohner Chinatowns bemüht, ihre persönlichen Geschichten zu erzählen. Per Videoeinspielungen flimmern die Gesichter der Befragten an den Wänden des Museums. Alte Reisekisten geben einen Eindruck davon, wie armselig die Einwanderer ausgerüstet waren.

Beim Rundgang, der über drei Etagen führt, werden Gewohnheiten, Riten und Feste der Chinesen, die auch in der Fremde ihre Traditionen beibehielten, anschaulich erklärt. Zu den beeindruckendsten Elementen der Ausstellung gehören die Nachbauten der kleinen Zimmerchen, in denen die Bewohner Chinatowns hausten. Sie geben einen erstaunlichen Eindruck vom Alltag in den Shophouses, von einem Leben, das durch Armut, Enge und Verzicht auf persönlichen Freiraum geprägt war. Die Ausstellung endet mit dem Blick in eine Schneiderei. Ein nettes Café ist angegliedert. *Tgl. 9–18 Uhr, Eintritt 8,80 S$, 48 Pagoda Street, www.chinatownheritage.com.sg, MRT NE 4, Chinatown*

Fuk-Tak-Ch'i-Museum/ Far East Square [114 C4]

In Singapurs ältestem Tempel Fuk Tak Ch'i wurde 1998 ein kleines Museum eröffnet, das einen Einblick in das Alltagsleben der ersten chinesischen Einwanderer in Singapur gibt. Das Museum ist Teil des Far East Square, eines ehemaligen Wohnviertels zwischen Telok Ayer, Pekin, China und Cross Street. Ein Teil des Viertels wurde Ende der 1990er-Jahre restauriert und mit einem Glasdach überzogen. Sie können in klimatisierten Gassen bummeln und sich die traditionellen Shophouses ansehen, in Restaurants oder Cafés einkehren, Souvenirs kaufen. In einem Pavillon an der Stelle, wo früher chinesische Straßenopern aufgeführt wurden, finden heute Kulturveranstaltungen statt. *Tgl. 10–22 Uhr, Eintritt frei, 43 Pekin Street, MRT EW 14, NS 26, Raffles Place*

Raffles Hotel Museum [111 D6]   *Insider Tipp*

Während der achtzehnmonatigen Restaurierung des Hotels bemühte man sich, Andenken an das alte Raffles aufzutreiben – aus einer Ära, als

---

MARCO POLO Highlights »Museen«

★ **Singapore Art Museum**
Moderne Kunst in alter Schule (Seite 42)

★ **Asian Civilisations Museum**
Wo Singapurs multikulturelle Einflüsse verdeutlicht werden (Seite 39)

★ **Singapore Science Centre**
In diesem Museum ist Anfassen und Ausprobieren erlaubt (Seite 44)

★ **Chinatown Heritage Centre**
So lebten die chinesischen Einwanderer (Seite 40)

MUSEEN

man noch mit dem Dampfschiff anreiste. Einstige Gäste wurden angeschrieben, mit Zeitungsanzeigen wurde in aller Welt nach Memorabilien gefahndet. Alte Fotos und Kofferaufkleber, Ballkleider und alle möglichen Utensilien aus der Zeit um 1910 bis 1920 kamen zusammen. *Tgl. 10–21 Uhr, Eintritt frei, Raffles Hotel, 1 Beach Road, MRT EW 13, NS 25, City Hall*

Singapore Art Museum [110 C6]
★ Das Haus der früheren St. Joseph's Institution – der ersten katholischen Schule Singapurs – ist aufwändig renoviert worden und dient als Nationalgalerie. Mit einem Teil der Kunst des 20. Jhs. aus Singapur und Südostasien dürfen Sie sogar spielen: Zu der in der Region einzigartigen Sammlung gehört die E-mage-Galerie mit Supermonitoren und interaktiven Programmen. Gemälde, Skulpturen und Installationen werden aber auch auf klassische Weise ausgestellt – 5500 Exponate umfasst die permanente Sammlung, die den Schwerpunkt auf zeitgenössische Kunst aus Südostasien legt. *Mo bis So 10–19, Fr bis 21 Uhr, Eintritt 3S$, Fr ab 18 Uhr Eintritt frei, 71 Bras Basah Road, MRT EW 13, NS 25, City Hall, oder NS 24, NE 6, Dhoby Ghaut*

Singapore History Museum und Rivertales [110 C6, 114 B2]
Das Singapore History Museum ist bis 2006 geschlossen – und doch bietet es den Besuchern der Stadt in der Zwischenzeit etwas: Die *Rivertales by Singapore History Museum* erzählen

Insider Tipp

Kunst unter freiem Himmel

Skulpturen von Dalí, Lichtenstein und Moore am Boat Quay

Salvador Dalí, Henry Moore, Roy Lichtenstein und Fernando Botero sind die international wohl bekanntesten Künstler, deren Werke in Singapur unter freiem Himmel zu finden sind. Dazu kommen etwa 25 Skulpturen von überwiegend asiatischen Bildhauern, die in der Stadt aufgestellt wurden. Dalís *Hommage to Newton* und Boteros *Bird* lassen sich leicht beim Bummel entlang des Singapur-Flusses erspähen, der gewaltige Vogel Boteros hockt imposant am Quay. Moores *Reclining Figure* steht ganz in der Nähe vor dem zurückversetzten OCBC-Gebäude. Lichtensteins gigantische Pinselstriche *Six Brushstrokes* sind in der Nähe von Suntec City zu finden. Dort lockt auch die *Fountain of Wealth*, angeblich der größte Brunnen der Welt, den Calvin Tsao und Zack Mckown geschaffen haben. Vor dem Singapore History Museum hat der taiwanesische Bildhauer Ju Ming in seinem *Tai'-chi Boxing Pair* die fließenden Bewegungen des Tai-Chi für die Ewigkeit festgehalten. Die Skulptur *The Living World* einige Meter weiter auf dem Bürgersteig ist ebenfalls von Ju Ming.

MUSEEN

Vorerst nur von außen zu betrachten: das History Museum

von der Entstehung der Stadt als Handelsplatz entlang des Singapore River. Ein ergreifender Film zeigt die Veränderungen entlang des Flusses gesehen mit den Augen eines 77-jährigen Mannes. Unterdessen wird das von einer Kuppel gekrönte Geschichtsmuseum herausgeputzt. Das 1887 zu Ehren des Thronjubiläums von Königin Victoria eröffnete Haus, das heute als schönstes Beispiel der Kolonialarchitektur in Singapur gilt, soll das historische Gegengewicht zur gegenüber erbauten Singapore Management University bilden. Bei der Wiedereröffnung dürfen Besucher ein hypermodernes Museumskonzept erwarten mit Auditorium, einem Unterhaltungs- und Lernkomplex für Schulkinder sowie Restaurants und Cafés. *History Museum: 93 Stamford Road, MRT NS 24, NE 6, Dhoby Ghaut. Rivertales: Mo 13–19, Di–So 9–19 Uhr, Fr bis 21 Uhr, Eintritt 2 S$, 30 Merchant Road, #03-09/17 Riverside Point, MRT NE 5, Clarke Quay*

Singapore Mint Coin Gallery [118 B3]

Eine beeindruckende Sammlung von Münzen und Medaillen aus der ganzen Welt ist hier zu betrachten. Besucher können als Souvenir ihre eigene Münze in der Münzpresse der Galerie prägen. *Mo–Fr 9–17 Uhr, Buchung empfohlen, Tel. 65 66 26 26, Eintritt 1 S$, 20 Teban Gardens Crescent, MRT EW 27, Boon Lay, dann Bus 154 bis Jalan Ahmad Ibrahim*

Singapore Navy Museum [118 C1]

Zu sehen ist die Entwicklung der Marine von der Straits Settlements Royal Volunteer Reserve der Briten im 19. Jh. bis zur heutigen Marine der Republik Singapur. *Mo–Fr 8.30–16.30, Sa 8.30–12 Uhr, Eintritt frei (bitte Reisepass mitbringen), Tel. 67 50 55 85, 32 Admiralty Road West, Endurance Block Sembawang Camp, MRT NS 11,*

MUSEEN

Sembawang, dann Bus 856, an der Bushaltestelle nach Sembawang Shipyard auf der Admirality Road West aussteigen

Singapore Philatelic Museum [115 D1]

Dieses Ende 1995 eröffnete Briefmarkenmuseum ist in einem Gebäude untergebracht, das 1907 als Schulhaus für die Englisch-Chinesische Schule im Kolonialstil gebaut wurde. Neben Ausstellungen zu wechselnden Themen ist eine kleine, aber feine Sammlung von nationalen und internationalen Postwertzeichen und Ersttagsbriefen zu sehen. In der interaktiven Abteilung können Sie Ihr Wissen über Philatelie prüfen und sogar Ihre eigenen Briefmarken entwerfen – die von der Post aber leider nicht akzeptiert werden. *Di–So 9–18 Uhr, feiertags geschlossen, Eintritt 2 S$, 23 B Coleman Street, MRT EW 13, NS 25, City Hall*

Singapore Science Centre [118 B3]

★ Die enorme Geschwindigkeit, mit der sich heute die Technik entwickelt, bedeutet für jedes Wissenschaftsmuseum zweifellos eine Herausforderung. Doch die über 850 Ausstellungsstücke, darunter beispielsweise ein begehbares Modell des menschlichen Körpers oder der *Crazy Room*, in dem physikalische Effekte ausprobiert werden können, oder auch die Luftfahrtgalerie haben bislang noch jeden fasziniert, der naturwissenschaftlich-technisch interessiert ist. Vor allem Kinder sind begeistert, weil fast alles angefasst und ausprobiert werden darf.

Eine Attraktion auch für Nichttechniker ist das *Omnimax-Kino* mit seiner riesigen Halbkugel-Leinwand: Es lässt Sie in die mit einer Speziallinse aufgenommenen Filme regelrecht eintauchen. Besonders lohnend ist übrigens der Film »Homeland«, ein anrührender Geschichtsunterricht über Gründung und Wachstum Singapurs, der aus historischen Filmdokumenten und nachgestellten Szenen montiert ist. *Di–So 10–18 Uhr, Omnimax-Vorführungen auf Englisch 12, 13, 14, 16 und 19 Uhr, Museum 6 S$, Omnimax Movie Theatre 10 S$, www.science.edu.sg, 15, Science Centre Road, MRT EW 24, NS 1, Jurong East, weiter mit Bus 335 oder 7 Min. Fußweg, direkte Busse 66, 178, 198*

Singapore Tyler Print Institute [114 A2]

Gedacht als Sinnbild für das neue, kunstinteressierte Singapur hat die Stadt mit viel Aufwand einen Ableger der berühmten New Yorker Druckwerkstatt auf die Tropeninsel geholt. Angestoßen durch den amerikanischen Meisterdrucker Kenneth Tyler zeigt das Institut heute in einer eigenen Galerie moderne Druckgrafik, bietet aber auch Workshops für Arbeiten mit Papier und eine eigene Papiermühle. So will es den ganzen Prozess vom Schöpfen des Papiers über die Zusammenarbeit mit Künstlern und den Druck bis zum Verkauf der Grafiken vorführen. Zugleich gibt das Singapapore Tyler Print Institute eine eigene STPI-Printedition heraus, durchreisenden Künstlern sind Ausstellungen gewidmet. STPI sitzt im Obergeschoss eines restaurierten Hafenspeichers aus dem 19. Jh. *Di–Sa 9.30–20, So 13–17 Uhr, an Feiertagen geschlossen,*

MUSEEN

www.stpi.com.sg, 41 Robertson Quay, Bus 32, 54, 64, 123, 143, 195. Nächste MRT NE 5, Clarke Quay

The Substation, a Home for the Arts [115 D1]
Dieses »Haus der Kunst« ist das jüngste, erfrischendste und meistversprechende Kind der Kulturszene Singapurs. Neben Theatersälen und Übungsräumen für Tanz gibt es eine Galerie, in der vorwiegend junge Künstler ausstellen. Im kleinen Café wird gute singapurische Hausmannskost geboten, und Sie können dort auch Singapurs intellektuellen Nachwuchs, Maler und Schriftsteller, treffen. *Galerie tgl. 11–21 Uhr, Eintritt frei, 45 Armenian Street, MRT EW 13, NS 25, City Hall oder NS 24, NE 6, Dhoby Ghaut*

URA Centre [114 A4–5]
Wer sich für Stadtplanung und –architektur Singapurs interessiert, ist hier richtig: Die zweistöckige Galerie im Gebäude des Stadtplanungsamtes (URA, Urban Redevelopment Authority) in Chinatown zeigt nicht nur themenbezogene Ausstellungen etwa über die Restaurierung Little Indias, sondern besitzt auch ein riesiges Modell der Stadt mit Plänen über den Ausbau der kommenden Dekaden. Interaktive Bildschirme und 3-D-Animationen lassen Herzen höher schlagen. *Mo–Fr 9–16.30, Sa 9–12.30 Uhr, Eintritt frei, 45 Maxwell Road, MRT EW 15, Tanjong Pagar*

Literatur

Reisebeschreibungen aus der Kolonialzeit und der Moderne

Moderne Literatur aus Singapur liegt kaum in deutscher Übersetzung vor – da muss man schon zu den Klassikern greifen: *Joseph Conrads* Reisebeschreibung *Allmayers Wahn* erzählt von einem Europäer im kolonialen Singapur. Seine Erzählungen *Lord Jim*, *Sieg* oder *Der Ausgestoßene der Inseln* beschreiben die Atmosphäre der Tropen. Der britische Ethnologe *Nigel Barley* veröffentlichte 1996 sein Buch *Der Löwe von Singapur*, das sich mit dem Leben des Singapur-Gründers Sir Stamford Raffles (1781 bis 1826) beschäftigt. Der *Kulturschlüssel Malaysia und Singapur* von *Gerd Simon* will dabei helfen, die fremde asiatische Kultur besser zu verstehen. Zehn Aufsätze über *Singapur: Metropole im Wandel* hat Herausgeber *Manfred Kieserling* zusammengetragen, in denen das Leben im kleinen Tropenland unter verschiedenen Aspekten (Wirtschaft, Tourismus, Naturschutz) betrachtet wird. Hervorragend ist *Singapore: The Airconed Nation* des Journalisten *Cherian George*. Seine Essays sind in der Tageszeitung Straits Times veröffentlicht worden und erklären, wie Politik in Singapur funktioniert.

ESSEN & TRINKEN

Vielfalt heißt das Zauberwort

In Singapur können Sie Gerichte aus China, Malaysia und Indien probieren

Der übliche Gruß in Singapur lautet nicht »Guten Tag«, sondern: »Had your lunch?«, also: »Hast du schon gegessen?«. Das sagt alles über das Verhältnis der Singapurer zur Nahrungsaufnahme. Die Bewohner des Insellands lieben es zu speisen – fast rund um die Uhr.

Nicht wenige Europäer und Amerikaner haben in den ersten Tagen in Südostasien das Gefühl, nicht genug zu bekommen – zu winzig erscheinen ihnen die Portionen. Ein Tipp: Essen Sie wie die Einheimischen, und nehmen Sie mehrere kleine Portionen über den Tag verteilt zu sich. Bei den tropischen Temperaturen ist das bekömmlicher und bietet zudem die Möglichkeit, auch bei einem kurzen Aufenthalt die kulinarische Vielfalt kennen zu lernen.

Diese Vielfalt probiert man am besten in den *hawker centres* (unter freiem Himmel, manchmal auch überdacht) oder im Erdgeschoss einer der klimatisierten Shoppingmalls in *food courts* aus. In *hawker centres* und *food courts* ist das Essen sehr günstig. Dort bekommt

Essen mit Aussicht: Terrasse des Restaurants IndoChine Waterfront

Kleine Erfrischung an der Saftbar

man eine Mahlzeit schon für weniger als 6 S$. Über die Hygiene wachen staatliche Inspektoren, die regelmäßig Frische und Zubereitung der Speisen prüfen.

Bei den Hawkern sind Tische und Stühle rund um verschiedene mobile Küchen aufgestellt. Man sucht sich ein Gericht aus, nennt die Nummer seines Tisches, dann wird das Essen gebracht. In *food courts* herrscht Selbstbedienung, man wählt etwas aus und sucht sich Platz an einem der Tische. Nur keine Scheu: Fragen Sie die Köche, was sie zubereiten, oder sprechen Sie Ihre Tischnachbarn an, wenn Sie nicht erkennen können, was diese gerade verzehren. Die Singapurer sind offen und hilfsbereit, und das Thema Essen gehört zu ihren liebsten Gesprächsthemen.

CAFÉS & TEEHÄUSER

Plastikmobiliar und Neonlicht prägen die Einrichtung vieler hawker centres

Wenn Sie Peranakan-Menüs entdecken, probieren Sie: Peranakan nennen sich die Nachkommen der chinesischen Einwanderer in Malaysia und Singapur. Ihre Küche (auch Ngonya genannt) verbindet chinesische Gerichte mit malaiischen Zutaten und Gewürzen.

Sie sollten auf jeden Fall auch die chinesischen, indischen und malaiischen Restaurants und Coffeshops (Restaurants an der Straße mit Plastikhockern) ausprobieren. Auch diese bieten echte asiatische Gerichte. Und wer die westliche Küche bevorzugt, muss in Singapur nicht hungern. Die Restaurantvielfalt ist groß.

Derzeit sehr beliebt ist die »colours by the bay« benannte Gegend um das Esplanade, in der mehrere neue schöne Restaurants einladen.

Restaurants gibt es in allen Preisklassen. In der Regel erscheint auf der Rechnung ein Zuschlag – die in Singapur übliche Mehrwertsteuer (5% GST) und das Trinkgeld. Eine zusätzliche Anerkennung der Serviceleistung wird nicht erwartet. Teuer werden Restaurantbesuche, wenn alkoholische Getränke bestellt werden – die Steuern auf Alkohol sind immens, und ein Glas Bier kostet leicht fünf Euro.

Cafés und Teehäuser sind von ca. 10 bis 21 Uhr geöffnet. In den meisten Restaurants serviert man von ca. 12 bis 14.30 Uhr Lunch, von 18.30 bis mindestens 22 Uhr Dinner. Wenn nicht anders angegeben, haben die Häuser keinen Ruhetag.

CAFÉS & TEEHÄUSER

Ah Teng's Bakery [111 D6]
In dem nostalgisch gestylten Café im Raffles Hotel werden nicht nur Kuchen serviert, sondern auch erschwingliche Dim-Sum-Gerichte, kleine heiße oder kalte chinesische Snacks. *Raffles Hotel, 1 Beach Road, MRT NS 25, EW 13, City Hall*

ESSEN & TRINKEN

Café Les Amis [108 A2]
Wem das gleichnamige Luxusrestaurant zu teuer ist, kann Kaffee, Tee und kleine Mahlzeiten im schönen Ambiente des Botanischen Gartens genießen. *Frühstück 7.30 bis 10.30 Uhr, Botanic Gardens, Eingang Cluny Road, Bus 7, 75, 77, 105, 106, 123, 174*

Olio Dome [110 C6]
In einem Seitenflügel des Kunstmuseums finden Sie dieses gemütliche Café, das kleine Speisen anbietet. *Mo geschl., Singapore Arts Museum, 71 Bras Basah Road, MRT NS 24, NE 6, Dhoby Ghaut*

Tea Chapter [114 B4]
Eine gute Tasse Tee bekommt man im wohl bekanntesten Teehaus Chinatowns. Neulinge können sich in die Zeremonie des Brühens und Genießens einführen lassen. Kaufen kann man die köstlichen Blätter natürlich auch. *9 A Neil Road, Kursanmeldung: Tel. 62 26 11 75, MRT NE 4, Chinatown*

Yixing Yuan Teahouse [114 B5]
Süße Kuchen gibt es zu verschiedenen Teespezialitäten. Auch dieses Teehaus in Chinatown bietet Kurse (in englischer Sprache), die über den kunstvollen Umgang mit Tee unterrichten. *30 Tanjong Pagar Road, Kursanmeldung Tel. 62 24 69 61, MRT EW 15, Tanjong Pagar*

HAWKER CENTRES & FOOD COURTS

Das wohl schönste *hawker centre* ist der ★ *Lau Pa Sat Festival Market* [115 D4] an der Robinson Road zwischen Waterfront und Chinatown *(MRT NS 26, EW 14, Raffles Place)*. Schon 1822 gab es an dieser Stelle einen Markt. Die Eisenteile

MARCO POLO Highlights
»Essen & Trinken«

★ **Lau Pa Sat Festival Market**
Hawker food in einer zauberhaften Halle – am besten mittags hingehen, dann sind die Speisen ganz frisch (Seite 49)

★ **Sup Sip**
Thaiküche in geschmackvollem Ambiente – der Pomelosalat ist ein Knüller (Seite 53)

★ **Chilli Padi**
Peranakan-Küche von freundlichen Menschen zubereitet – der Ausflug nach Geylang lohnt nicht nur für Familien (Seite 55)

★ **Pierside Kitchen**
Gelungenes und gehobenes *fusion cooking*, serviert direkt am Meer – was will man mehr? (Seite 53)

★ **IndoChine Waterfront**
Edles Restaurant, Bistro und Bar mit laotischer, vietnamesischer und kambodschanischer Küche (Seite 53)

Die Gourmettempel von Singapur

Au Jardin [108 A2]

»Im Garten« – nämlich mitten im Botanischen Garten – liegt dieses vornehme Restaurant in einem schwarz-weißen Kolonialgebäude. Es gibt nur eine begrenzte Auswahl an festen Menüs; umso größer ist jedoch die Weinkarte. *Tgl. 19–21.30 Uhr, 1 Cluny Road, Tel. 64 66 88 12, Bus 7, 75, 77, 105, 106, 123, 174*

Equinox [115 E1]

🔺 Das noble Restaurant im Raffles-City-Gebäude verwöhnt mit westlicher Küche und bietet vier Räume zum privaten Dinner. Es ist Namensgeber für den Gesamtkomplex, in dem fünf Restaurants und Bars auf den Stockwerken 68 bis 72 verteilt sind. Sie alle bieten eine sagenhafte Aussicht, an klaren Tagen angeblich bis nach Malaysia. *2, Stamford Road, Tel. 64 31 61 56, Eingang im Swissôtel The Stamford via Intro Bar, MRT NS 25, EW 13, City Hall*

Flute at the Fort [114 C1]

Im Herbst 2004 eröffnetes Black-and-White-House, das am Fuß des Fort Canning Parks im Dschungel liegt. Serviert wird eine Fusion aus westlicher und östlicher Küche, mit herrlichen Nachspeisen. *So geschl., 21 Lewin Street, Fort Canning Park, Eingang Coleman Street, Tel. 63 38 87 70, MRT EW 13, NS 25, City Hall*

Shang Palace [108 C3]

Kandelaber und dunkelrot gehaltene Wände geben Ihnen das Gefühl, in einem Palast die Köstlichkeiten der hauptsächlich kantonesischen Küche zu goutieren. Der Chefkoch sorgt seit Jahren für gleich bleibende Qualität. *Shangri-La Hotel, Tower Wing, Lobby Level, 22 Orange Grove Road, Tel. 62 13 44 73, Taxi oder Bus 7, 36, 77, 105, 106 bis Orchard Road, dann zu Fuß die Orange Grove Road hinauf*

Rechnen Sie für alle Restaurants mit mindestens 100 S$ pro Person, inkl. Wein.

---

der Hallen wurden 1894 aus Glasgow nach Singapur geschifft. Während der Sanierung Chinatowns hat das Singapore Tourism Board die **Insider Tipp** *Smith Street* [114 B–C4] zu einer Fressmeile umgestaltet *(MRT NE 4, Chinatown)*. Aber nicht nur Touristen nehmen gerne unter den großen, grünen Sonnenschirmen Platz. Nachteulen lieben das bunte Treiben am *Newton Circus* [109 F4], hier wird fast rund um die Uhr unter freiem Himmel geschlemmt *(MRT NS 21, Newton)*. Da dies vor allem viele Touristen tun, ist dieses *hawker centre* etwas teurer als üblich. Die *Food Street Cuppage Road* [110 A5] besticht durch ihre kulinarische Vielfalt *(MRT NS 23, Somerset)*. Wie eine offene Markthalle wirkt das *Maxwell Road Food Centre* [114 C4], dennoch ist bei Hochbetrieb frische Luft Mangelware – trotz der Ventilatoren an der Decke *(MRT, NE 4, Chinatown)*. Unschlagbar preiswert ist die *Asian Food Mall* [109 E4] im Einkaufscenter *Lucky Plaza* auf der Orchard Road

ESSEN & TRINKEN

(MRT NS 22, Orchard). In vielen Einkaufszentren sorgt die *Food Junction* für gefüllte Tabletts und frische Säfte.

RESTAURANTS €€€

Alkaff Mansion [112 A5]

Eines der beliebtesten Restaurants und gut geeignet für einen romantischen Abend, wenngleich die Küche nicht exquisit ist: Der elegante, in einem schönen Park liegende Bungalow beherbergt zwei Restaurants, die Mansion Hall im Parterre bietet ein Ost-West-Buffet an, im Obergeschoss wird die indonesische *rijstaffel* zelebriert: 13 verschiedene Gerichte werden von traditionell gekleideten jungen Damen anmutig aufgetragen. *10 Telok Blangah Green, Tel. 62 78 69 79, Bus 131, 145, 176*

Forum Seafood Village [115 D3]

Der laute Boat Quay ist nicht jedermanns Sache. Doch Leckereien wie die köstlichen *black pepper crabs* oder *chilli crabs* sind unbedingt empfehlenswert. Das Restaurant bereitet Fische, Hummer und sämtliches Getier aus dem Meer nach kantonesischer Art zu, also mit reichlich Frühlingszwiebeln, Ingwer und Knoblauch. Wem der Sinn nicht nach Meerestier steht, probiert Rindfleisch auf einer heißen Platte. *42 Boat Quay, Tel. 65 36 28 29, MRT NS 26, EW 14, Raffles Place*

Golden Peony [115 F1]

Im noblen Conrad Hotel befindet sich dieses sehr gute, kantonesische Restaurant. Aal in Kräutersuppe empfiehlt Chefkoch Chung Ho Shi zum Auftakt, die Speisekarte bietet traditionelle wie moderne Gerichte. Die Lieblingsspeise vieler Chinesen, teure Abalonen (Meeresschnecken), kommt hier in guter Qualität auf den Teller. Serviert wird außerdem französischer, australischer und kalifornischer Wein. *2 Temasek Boulevard, Tel. 64 32 74 82, Reservierung nötig, Bus 36, 106, 111, 502*

Li Bai [109 E4]

Moderne, innovative kantonesische Küche wird hier in elegantem Rahmen serviert. Zu den Spezialitäten des Hauses zählen Köstlichkeiten wie geräuchertes Hühnchen in Jasminteeblättern und gebackenes Fischfilet mit Honig. *The Sheraton Towers, 39 Scotts Road, Tel. 68 39 56 23, MRT NS 22, Orchard*

My Humble House [115 E2]

Durchgestylter Chinese, der – obwohl erst neu eröffnet – schon Legende in Singapur ist. Allein die Namen der Gerichte sind den Besuch wert: »Fliegende Wolken am Herbsthimmel«, oder »Das Flüstern des Frühlingsregens«. Die Mahlzeiten sind gleichermaßen für Auge wie Gaumen angerichtet. Buchen Sie einen Tisch mit Blick auf den Hafen. *8 Raffles Avenue, #02-27/29 Esplanade Mall, Tel. 64 23 18 81, MRT EW 13, NS 25, City Hall*

Pine Court [109 F5]

Elegantes Rosenholz, Bonsaipflanzen und der sanfte Klang des chinesischen Instruments *Erhu* im Hintergrund sorgen für edles Ambiente. Außerdem hat man einen hervorragenden Blick auf die Stadt. Das Menü versammelt sämtliche Versuchungen der chinesischen Kü-

Singapurs Spezialitäten

Lassen Sie sich diese Köstlichkeiten gut schmecken!

Bah Kut Teh – scharfe Kräutersuppe mit Schweinefleisch und Innereien. Die Suppe mit Pfeffer, Chili und Knoblauch gibt es zum Frühstück

Chai Tow Kway/Carrot Cake – eine Art Pfannkuchen mit Frühlingszwiebeln und süßer schwarzer Soße; hat nichts mit dem Kuchen zu tun, den man bei uns kennt

Char Kway Teow – gebratene, flache Nudeln mit süßer, schwarzer Sojasauce aus dem Wok, dazu kommen chinesische Würstchen, Sojasprossen, Eier und Knoblauch

Chicken Rice – zart gekochtes Huhn mit verschiedenen Saucen; sieht ein bisschen fad aus, ist aber ein Gedicht. Kommt ursprünglich aus der chinesischen Provinz Hainan und ist Singapurs Nationalgericht geworden

Hokkien Mee – gelbe Nudeln, im Wok gebraten: der Klassiker mit Schweinefleisch oder Tintenfisch und jeder Menge Gemüse

Kaya Toast – sehr süßer Frühstückssnack: Pudding aus Milch und Eiern mit Kokosmilch

Laksa – dick und gelb sind die Nudeln dieser berühmten scharfen Suppe, in der je nach Geschmack Huhn- oder Fischstückchen schwimmen, dazu Tofuwürfel und Kokosmilch oder Tamarindensaft

Nasi Lemak – klassisches malaiisches Frühstück aus in Kokosmilch gekochtem Klebreis, der in ein Bananenblatt gewickelt wird; verzehrt man mit kleinen Sardinen und reichlich Chili

Rojak – tropischer Salat aus Gurke, Rüben, Ananas, Mango, gegrilltem Tofu, Tamarindensaft, frittierten Teigstücken mit Garnelenpaste und gehackten Erdnüssen

Roti Prata – eine Art indischer Pfannkuchen aus dünnem Teig mit unterschiedlicher Füllung, meist vegetarisch. Mit Hammel- oder Huhnfüllung heißt er Murtabak; kommt meist mit Currysauce auf den Tisch

Satay – Stücke vom Huhn, Hammel, Rind oder Tintenfisch werden in scharfe Gewürze eingelegt und über Holzkohlen gegrillt, dazu gehören Erdnusssauce, Gurke und rohe rote Zwiebeln

Wanton Noodles – Klassiker aus der chinesischen Provinz Kanton: Eiernudelsuppe inklusive gekochten Teigtaschen mit Hackfleischfüllung

ESSEN & TRINKEN

che, Gerichte aus Peking, Shanghai und Kanton. Zu den Spezialitäten gehört Pekingente. *333 Orchard Road im Mandarin Hotel, 35. Stock, Tel. 68 31 62 62, www.mandarinsingapore.com, Reservierung nötig, MRT NS 22, Orchard*

RESTAURANTS €€

East Coast Seafood Centre [119 E4]

Insider Tipp

Mehrere Restaurants, die sich ähneln und deren Mitarbeiter Sie zu sich locken wollen, bilden das Zentrum für Fischliebhaber. Auch hier ist das Lieblingsgericht der Singapurer, *pepper crab* oder *chilli crab,* fangfrisch zu haben. Die Restaurants bieten typisch chinesisches Flair mit Plastikmobiliar, Neonlicht und hektischem Hin und Her. Unschlagbar: der Blick aufs Meer. *Singapore Seafood Centre, Upper East Coast Road, am besten mit dem Taxi zu erreichen*

IndoChine Waterfront [115 D4]

★ Der Besitzer dieser Kette, ein in Australien aufgewachsener Laote, hat ein gutes Gespür für Ausstattung und Lage seiner Bars, Bistros und Restaurants, die nicht selten Designerpreise einheimsen. Mit Anschluss an das Asian Civilisations Museum, vor allem aber mit sehr schönem Blick auf Singapurs Skyline und die Ausgehmeile Boat Quay, liegen das Bistro *Siem Reap*, die Bar *Opium* und das Restaurant *IndoChine* nebeneinander, alle mit großer Terrasse. Auf der Speisekarte: laotische, vietnamesische und kambodschanische Gerichte. Wenn es am Wochenende sehr voll ist, leidet schon mal der Service. *1 Empress Place, Tel. 63 39 17 20, www.indochine.com.sg, MRT NS 26, EW 14, Raffles Place*

Kuriya [109 E4]

Sushi und Sashimi sind sehr beliebt in Singapur. Die Speisekarte in diesem traditionell dekorierten japanischen Restaurant geht jedoch weit über diese klassischen Angebote hinaus. Nehmen Sie sich Zeit für die Lektüre des Menüs, denn hier werden die einzelnen Gerichte sorgfältig erklärt. *Zum chinesischen Neujahrsfest geschl., 1 Scotts Road, #05–01 Shaw Centre, Tel. 67 35 53 00, MRT NS 22, Orchard*

Pierside Kitchen [115 E3]

★ Minimalistisch und cool wie bei den meisten Establissements im *One Fullerton* ist auch das Interieur dieser angesagten Restaurantbar ganz am Ende des Piers. Selbstverständlich kann man auch direkt am Wasser draußen sitzen. Die Gerichte auf der Speisekarte haben mediterrane Einflüsse, Seafood und thailändische Gerichte sind weitere Schwerpunkte. Probieren Sie die Krabbenplätzchen mit Cumin-Samen. *One Fullerton, 1 Fullerton Road, Tel. 64 38 04 00, www.piersidekitchen.com, MRT NS 26, EW 14, Raffles Place*

Sup Sip [118 C3]

★ Jeremy Choo und Christine Soh sind mit ihrem thailändischen Restaurant direkt gegenüber dem Vis à Vis erfolgreich. Sachlich-schlicht ohne den üblichen Folklore-Schnickschnack eingerichtet, bezaubert Sup Sip schon mit den Vorspeisen: der Pomeranzensalat ist unschlagbar. Alle Klassiker sind zu haben – Ananasreis, Tom-Yum-Suppe, rote und grüne Curries. *10*

RESTAURANTS €

Gepflückt ersetzen die Bananenblätter im Banana Leaf Apolo den Teller

Chun Tin Road, Tel. 64 62 59 22, Bus 67, 75, 170, 171, 173, 184, 852 bis Upper Bukit Timah Road, dort zweigt die Chun Tin Road ab

Viet Lang [115 D1]

Edel-Vietnamese im stimmungsvollen Vergnügungskomplex Chijmes. Bunt bemalte Wände und eine schlichte Einrichtung unter einem weiten Vordach sorgen für malerische Stimmung. Die Speisekarte ist lang, da sie versucht, alle Regionen Vietnams abzubilden. Die Rindfleisch-Nudel-Suppe Pho mit frischen, rohen Gemüsen ist ein Gedicht. Wer Glück hat, bekommt vom Manager selber erklärt, wie man die Gerichte auf landestypische Weise isst. Allerdings verwendet die Küche – wie viele in Singapur – den Geschmacksverstärker MSG. *30 Victoria Street, Block A, #01-26/27 Chijmes, Tel. 63 37 33 79, MRT EW 13, NS 25, City Hall*

Vis à Vis [118 C3]

Eines der besten französischen Restaurants der Stadt in einer Reihe von Shophouses etwas außerhalb des Zentrums. Die Entscheidung zwischen Fleisch- und Fischgericht fällt hier schwer. Wein und Käse runden die Speisekarte ab. *12 Chun Tin Road, Tel. 64 68 74 33, Busverbindung s. Sup Sip*

RESTAURANTS €

328 [119 E4]

Hier werden Sie keine Touristen treffen. Das Straßenrestaurant liegt im Herzen von Katong, dem alten Peranakan-Viertel. 328 hat den »Laksa-Krieg« mit den benachbarten Restaurants für sich entschieden, die Singapurer kommen vom anderen Ende der Stadt, um hier für 3 S$ die köstliche Suppe zu schlürfen. *53 East Coast Road, nahe Ecke Ceylon Road, MRT EW 11 Lavender, dann Bus 10, 12, 14, 32*

ESSEN & TRINKEN

Al Dente Trattoria [115 E2]

↘ Hier gibt es nicht nur kleine, aber gute Nudelgerichte, sondern vor allem den schönsten Blick der Stadt zu genießen. Reservieren Sie sich einen Sitzplatz auf der Terrasse – so sehen Sie über den Hafen hinweg die Abenddämmerung hinter den Wolkenkratzern des Geschäftsviertels heraufziehen, während Sie ein frischer Wind kühlt. Al Dente verfügt auch über eine Niederlassung im Holland Village, dem Treffpunkt der vielen in Singapur lebenden Ausländer. *8 Raffles Avenue #01–13, Esplanade Mall, Tel. 63 41 91 88, MRT EW 13, NS 25, City Hall*

Banana Leaf Apolo [111 D2]   *Insider Tipp*

In diesem typsch indischen Restaurant ist man auf südindische Gerichte, die etwas schärfer sind als die nordindischen, spezialisiert. Selbstverständlich ist es erlaubt, die auf Bananenblättern servierten Speisen mit den Fingern zu essen. Das Fischkopf-Curry ist hier äußerst begehrt. *54–58 Race Course Road, Tel. 62 93 86 82, MRT NE 8, Farrer Park*

Chilli Padi [119 D4]

★ Etwas außerhalb liegt dieses freundliche Familienrestaurant, in dem hervorragende Peranakan-Hausmannskost preisgünstig angeboten wird. *Beef Rendang* oder Fischkopf-Curry sind die Klassiker. *#01–03 11 Joo Chiat Place, Tel. 62 75 10 02, Taxi*

Everest Kitchen [110 C3]

Schlichtes Ambiente, aber leckere Küche: wer hier isst, fühlt sich wie am Fuße der Achttausender. Die mit Fleisch gefüllten *Momos* (Teigtaschen) sind genauso lecker wie die *Ladyfingers* (gebackene Okraschoten). Im Herzen von Little India gelegen. *55 Chander Road, Tel. 62 99 07 45, MRT NE 7, Little India*

House of Sundanese [115 F1]

Sechs Restaurants dieser Kette bieten in Singapur indonesische Küche an: Dieses in der Suntec City Mall sorgt mit Wayang-Puppen (indonesische Stockpuppen) für die passende Atmosphäre. Vergleichsweise vorsichtig wird hier mit scharfen Gewürzen umgegangen. *Ayam panggang sunda* ist sehr empfehlenswert, ein leicht süßlich mariniertes Huhn, über Holzkohlen gegrillt. *#B1–063 Suntec City Mall, 3 Temasek Boulevard, Tel. 63 34 10 12, www.sundanesefood.com, MRT NS 25, EW 13, City Hall*

Our Village [115 D3]   *Insider Tipp*

↘ Die unschlagbare Kombination von gutem Essen und phantastischer Aussicht bietet dieses Restaurant im fünften Stock eines *shophouse* am Boat Quay. Den Trubel verlassen Sie, wenn Sie auf die gemütliche Dachterrasse treten und den einmaligen Ausblick genießen. Aufgetischt werden nordindische Gerichte sowie Speisen aus Sri Lanka. *46, Boat Quay, Tel. 65 38 30 92, MRT EW 14, NS 26, Raffles Place*

Sitara [111 D3]

Direkt gegenüber von Mustafa, dem Krimskrams-Kaufhaus in Littler India, kann man sich vor oder nach dem Einkauf mit echten indischen Gerichten stärken. Fisch im Bananenblatt wird ebenso aufgetischt wie köstliche vegetarische Gerichte. *291 Serangoon Road, Tel. 62 91 32 11, MRT NE 8, Farrer Park*

EINKAUFEN

Geld ausgeben als Lebenselixier

Ich kaufe ein, also bin ich – so lautet das Motto für das liebste Freizeitvergnügen der Singapurer

Das Geratter und Gezirpe der elektronischen Einkaufskassen halten viele der mehr als 8 Mio. Touristen, die pro Jahr nach Singapur kommen, für die heimliche Nationalhymne des Stadtstaats.

Singapurs bekannteste Shoppingmeile ist die *Orchard Road* [109 D–F 4–5, 110 A–C 5–6]. Sie und angrenzende Straßen werden auch *Central Shopping Belt* genannt. Es gibt fast nichts, was es hier nicht gibt. Mehr als 30 Einkaufszentren mit mehreren Kaufhäusern und Hunderten, wenn nicht Tausenden von Einzelhandelsgeschäften gibt es allein in diesem Stadtteil, Tendenz steigend. Das gilt auch für den übrigen Innenstadtbereich; sogar das neue Kulturzentrum *Esplanade* besitzt eine ganze Reihe kleiner Boutiquen.

In den meisten Malls sind internationale Ketten wie Body Shop, Esprit und Mango zu finden. Geöffnet ist an sieben Tagen in der Woche, meist von 10 bis 22 Uhr.

Schnäppchen lassen sich heute nur noch selten machen. Wo Preise unter den Einkaufspreisen der

Raffles City, eines der vielen Einkaufszentren Singapurs

Ob die Kleider Schnäppchen sind?

Händler zu liegen scheinen, stimmt aber etwas nicht. Bei der vermeintlich supergünstigen Videokamera fehlen dann das Zubehör und die internationale Garantie. Oder will man Ihnen Dinge, die gerade nicht im Laden sind, ins Hotel bringen, so blicken Sie am Ende verdutzt auf Waren, die Sie so nie kaufen wollten. Deshalb: Zahlen Sie nie vor Erhalt der Ware.

In kleineren Geschäften können Sie kräftig handeln. Die großen Kaufhäuser in der Innenstadt haben in der Regel Festpreise. Diese liegen zehn bis zwanzig Prozent über dem, was durch langwieriges Handeln anderswo herauszuholen ist.

Um Ärger zu vermeiden, achten Sie auf den »Singapore Gold Circle«, den die Tourismusbehörde verleiht. Damit dürfen nur aner-

Brillen & Kontaktlinsen

Entlang der Orchard Road begegnen Sie nicht nur tollen Einkaufsadressen

kannt seriöse Läden werben. Wenden Sie sich mit Beschwerden an das *Singapore Tourism Board (Tel. 67 36 66 22)* oder noch besser an das *Retail Promotion Centre (Tel. 64 50 21 10)*. Meistens genügt es, wenn diese Stellen sich vermittelnd einschalten. Wenn nicht, hilft man Ihnen bei einem Rechtsstreit: Ein spezielles Gericht, das *Small Claims Tribunal (1 Havelock Square, Tel. 65 35 69 22)* bearbeitet Touristenklagen innerhalb von zwei Tagen zu einer festen Gebühr von 10 S$.

Auf die meisten Waren und Dienstleistungen wird eine fünfprozentige Mehrwertsteuer (Goods and Services Tax – GST) aufgeschlagen. Besucher können sich die Steuer für Waren im Wert von 300 S$ oder mehr erstatten lassen. Geschäfte, die am GST-Tourist Refund Scheme teilnehmen, sind mit einem Schild »Tax Free Shopping« gekennzeichnet. Für die Rückerstattung müssen die Kunden (wenn Sie in verschiedenen Geschäften einkaufen, beträgt der Mindestumsatz je 100 S$, summiert müssen es mindestens 300 S$ sein) im Laden ihren Pass vorzeigen, damit der Tax-Free-Shopping-Scheck ausgestellt werden kann. Beim Verlassen Singapurs werden sämtliche Schecks zusammen mit den Waren beim Zoll abgestempelt, bevor sie an den Global-Refund-Schaltern (in beiden Flughafenterminals vorhanden) eingelöst werden können. *Tel. 62 25 62 38*

BRILLEN & KONTAKTLINSEN

Kontaktlinsen und Pflegemittel, manchmal auch Brillen, sind preiswerter als in Deutschland. Brillen können meist innerhalb von 24 Stunden angefertigt werden. *Yes* in der Suntec City Mall *(#01–073/*

EINKAUFEN

075) **[115 F1]** bietet eine große Auswahl. *Paris Miki (#01-044/046)* und *Jolly Care (#01-175)* sind ebenfalls in Suntec City zu finden. Ansonsten bieten fast alle großen Kaufhäuser einen Optikerservice.

BÜCHER

Borders **[109 D4]**
🏃 Lange Zeit war das Lesen im Laden ausdrücklich erlaubt. Jetzt sind die Leseecken abgebaut. Doch störrisch hocken sich die Kunden einfach auf die Erde. Neben Büchern und Zeitschriften gibt es auch CDs. *Wheelock Place, 501 Orchard Road, MRT NS 22, Orchard*

Kinokuniya **[109 E5]**
Gilt als größter Buchladen Südostasiens und hat sogar deutsche Bücher in den Regalen stehen. Die Auswahl an zeitgenössischer asiatischer Literatur in englischer Sprache kann sich sehen lassen. Oft werden Lesungen veranstaltet, die in den Tageszeitungen angekündigt werden. *Ngee Ann City, 391 Orchard Road, MRT NS 22, Orchard*

Select Books **[108 C4]** *Insider Tipp*
Diese Buchhandlung ist nicht mit den Riesensortimenten von Kinokunya oder Borders zu vergleichen. Dafür bietet sie alles, was Asienfans interessiert: Bildbände über Handwerkskunst, Stoffe oder Malerei, Reiseliteratur, Bücher über die aktuelle Politik in der Region. An den Wochenenden veranstaltet die Besitzerin oft Autorenlesungen. Kaufen Sie mehrere Bücher, fragen Sie nach einer Rabattkarte – Sie bringt Ihnen einen Nachlass von zehn Prozent. *19 Tanglin Road, #03-15 Tanglin Shopping Centre, Tel. 67 32 15 15, www.selectbooks.com.sg, MRT NS 22 Orchard*

EINKAUFSZENTREN

Ngee Ann City **[109 E5]**
★ Ein Flügel dieses gigantischen Konsumtempels ist von der japanischen Warenhauskette Takashi-

---

MARCO POLO **Highlights** »Einkaufen«

★ **Suntec City**
Moderne Shoppingmall, untergebracht in fünf Türmen (Seite 60)

★ **HMV**
Hier trifft sich die Jugend zum Musikhören (Seite 63)

★ **Serangoon Plaza**
Indisches Kaufhaus – zum Einkaufen und Schauen (Seite 64)

★ **Paris Silk**
... und im Seidenladen gibt es Elektronik (Seite 60)

★ **Ngee Ann City**
Exklusive Boutiquen in einem riesigen Einkaufszentrum (Seite 59)

★ **Dempsey Road**
Antikes und reproduziertes asiatisches Handwerk in Lagerhallen (Seite 62)

DAMENSCHUHE

maya belegt. In den oberen Etagen sind die exklusiven Boutiquen von Gucci, Armani & Co zu finden, in den Kellerstockwerken junge Mode von der Stange. Außerdem unter diesem Dach: gute Restaurants, Frisöre, die riesige Buchhandlung Kinokuniya, eine Diskothek, eine Galerie und die schönste Dependance der Stadtbücherei. *391 Orchard Road, MRT NS 22, Orchard*

Insider Tipp

Raffles City [115 E1]

🏃 Der schöne Atriumsbereich wird gerne für Modenschauen, Konzerte oder Aufführungen benutzt. Unterirdisch führt der Weg aus der MRT-Station in dieses Einkaufszentrum, das besonders von jungen Erwachsenen frequentiert wird. Im zweiten Stock verkauft das *Metropolitan Museum of the Arts* Andenken. *MRT EW 13, NS 25, City Hall*

Suntec City [115 F1]

★ Dieses Zentrum hat Ngee Ann City in puncto schiere Größe den Rang abgelaufen. Konzipiert als Stadt in der Stadt, sind die fünf Türme (vier mit 45 Stockwerken, einer mit »nur« 18), die Ausstellungsflächen und Büros beherbergen, weithin zu sehen. Das Angebot der über 200 Geschäfte ist allumfassend. Rund um den großen Brunnen *Fountain of Wealth* sind eine große Anzahl guter Restaurants vertreten. *www.sunteccity.com.sg, MRT EW 13, NS 25, City Hall, weiter mit kostenlosem Shuttlebus*

DAMENSCHUHE

Eines der vielen Schnäppchen, die Sie in Singapur machen können: Damenschuhe. Topaktuell und meist halb so teuer wie in Deutschland. Allerdings reicht das Sortiment meist nur bis Größe 40. Die beste Auswahl bieten die Schuhabteilungen der Kaufhäuser *Metro (290 Orchard Road im The Paragon* [109 E–F5]*), Tangs (310–320 Orchard Road* [109 E4]*), und Takashimaya (391 Orchard Road im Ngee Ann City* [109 E5]*). Alle: MRT NS 22 Orchard*

ELEKTRONIK

Wer Festpreise schätzt, versucht sein Glück bei den Ketten *Best Denki* oder *Harvey Norman*, die viele Filialen in den großen Einkaufszentren unterhalten. Fotofachgeschäfte bieten professionelle Beratung. Vorsicht bei Käufen im *Far East Shopping Centre* [109 D4], *Far East Plaza* [109 E4], *Orchard Towers* [109 D4] und *Lucky Plaza* [109 E4], Sie könnten über's Ohr gehauen werden.

Funan IT Mall [115 D1–2]

Die Funan IT Mall bietet sich vor allem für Käufer an, die auf der Suche nach Zubehör zu Computern aber auch Kameras sind. *109 North Bridge Road, MRT EW 13, NS 25 City Hall*

**Lords Cameras
and Watches** [109 E4]

Eine Ausnahme im Lucky Plaza: Kameras zu fairen Preisen, mit verlässlichem Service – trotzdem das Handeln nicht vergessen. *304 Orchard Road, Lucky Plaza #01-79, MRT NS 22 Orchard*

Paris Silk [118 C4]

★ Statt Seide, wie der Name vermuten lässt, werden Elektronik und

EINKAUFEN

In Little India gibt es zahlreiche Geschäfte mit preisgünstiger Kleidung

Kameras zu niedrigen Festpreisen verkauft. Liegt etwas außerhalb im Holland Village. *Holland Village, 15 A Lor Liput, Bus 7, 61, 75, 77, 106, 165, 970*

Sim Lim Square [111 D4]

Wie die Funan IT Mall eine Adresse, bei der Singapurs Computerexperten kaufen. Sim Lim Square ist ein riesiges Kaufhaus, vom Tiefkeller bis unter das Dach vollgestopft mit Elektronik- und Computerläden, Spezialgeschäfte bieten Software, Kameras aber auch Boxen – wer nicht genau weiß, was er will, verliert leicht den Überblick. Die Preise hier liegen in der Regel fest – ein bisschen Rabatt können Sie aber fast immer herausholen. *1 Rochor Canal Road, MRT EW 12, Bugis*

KLEIDUNG

Internationale Markenware ist in allen Shoppingmalls zu bekommen und natürlich entlang der *Orchard* und der *Scotts Road*. Superbillige T-Shirts gibt es vor allem in den Geschäften in *Little India* und den *HDB-Außenbezirken*.

Export Fashion [108 C4] *Insider Tipp*

Die Kette eröffnet immer mehr Filialen. Hier werden internationale Marken (z. B. GAP, H&M, Eddie Bauer) und lokale Designermode zu günstigen Preisen verkauft. *Z. B. Tanglin Mall, 163 Tanglin Road, Bus 7, 77, 105, 111, 123*

Mumbai Sé [109 D4]

Das Beste von dem, was indische Designer in diesen Tagen entwerfen: Mode, aber auch Schmuck, Möbel, Silber. Mumbai Sé wirbt damit, das erste indische Lifestyle-Geschäft jenseits der Landesgrenzen zu sein und das »neue Indien« unter einem Dach zu vereinen. Auch wenn das vielleicht übertrieben ist, bietet der Laden doch manch schö-

KUNST & ANTIKES

nes Accessoire und Kleid. *390 Orchard Road, #02-03 Palais Renaissance, Tel. 67 33 71 88, MRT NS 22, Orchard*

Shanghai Tang [109 D4]
Die Singapurer Niederlassung der Modekette aus Shanghai bietet alles, was es auch im Originalgeschäft gibt: Teure Mode mit einem Touch Exotik, die die Farben Asiens in sich trägt. Shanghai Tang, 1994 von dem Hongkonger Geschäfts- und Lebemann David Tang Wing-Cheung gegründet, versteht sich als erste globale Lifestyle-Marke aus dem Reich der Mitte. Neben Pullovern und Kleidern, Jacken, Mützen und Anzügen gibt es auch schöne Mitbringsel und edle Accessoires. *50 Cuscaden Road, #02-02 HPL House (bei der Orchard Road), MRT NS 22, Orchard Road*

KUNST & ANTIKES

Chinatown bietet vor allem an der *South Bridge Road* **[114 C4]** und an der *Pagoda Street* **[114 B–C 3–4]** viele Geschäfte zum Stöbern. Auch die *Tanglin Road* **[108 C4]** ist eine gute Adresse für Buddhafiguren und südostasiatische Kunst.

Insider Tipp MICA [114 C2]
Das MICA-Gebäude, in dem das Ministerium für Kultur und Information untergebracht ist, ist eine ehemalige Polizeistation mit schreiend bunt angemalten Fensterläden. Unter seinem Dach finden sich sechs interessante Galerien: *Gajah Gallery, Orchard Gallery, Art-2, Plum Blossoms, Soobin Art* und *Galerie Belvedere. 140 Hill Street, MRT EW13, NS 25, City Hall, NE 5, Clarke Quay*

Tanglin Shopping Centre [108 C4]
Naga Arts and Antiques, Li Bai Arts and Antiques und *Antiques of the Orient* sind in diesem Einkaufszentrum zu finden. Neben Antiquitäten hat sich das zuletzt genannte Geschäft auf alte Landkarten und Fotos spezialisiert. *19, Tanglin Road, Bus 7, 77, 105, 111, 123*

Tomlinson Antique House [119 D4]
Dieses Haus hat feine und teure Sammlerstücke aus Myanmar (Burma) und China vorrätig. *460 Sims Avenue, Bus 2, 13, 21, 26, 40, 51, 67*

MÖBEL

Ein Ausflug nach Chinatown lohnt sich auch, wenn man auf der Suche nach Möbeln ist. Nicht alle Stücke sind wirklich antik – aber auch die reproduzierten Schränkchen können sehr hübsch sein.

Dempsey Road [118 C4]
★ *Vintage Palace (Block 7), Shang Antique and Craft (Block 16)* oder *Eastern Discoveries (Block 21)* sind nur einige der vielen Geschäfte in den Lagerhallen schräg gegenüber dem dem Botanischen Garten an der Dempsey Road. Im Angebot sind chinesische Apothekerschränke und Buddhafiguren, Teppiche und burmesische Teakholzmöbel – Sie sollte beim Preis aber kräftig handeln. Für die Rast zwischendurch gibt es zwei neue Weinstuben: *Wine Network (Block 13)* und *The Wine Company (Block 14)*. Dempsey Road mit Bus Nummer 75 oder 77 zur Holland Road, dann zu Fuß auf den Hügel

EINKAUFEN

Die Auswahl im HMV trifft jeden Musikgeschmack

Insider Tipp **Just Anthony** [119 D3]
Eine Singapurer Institution. Große Lagerhalle mit restaurierten chinesischen Möbeln und Nachbauten aus altem Holz, außerhalb des Zentrums. *379 Upper Paya Lebar Road, nächste MRT NE 12 Serangoon, Bus 22, 24, 62, 70, 76, 80*

MUSIK

Gramophone
Die Geschäfte mit den leuchtorangen Einkaufstüten bieten vor allem etwas für Schnäppchenjäger unter den Audiophilen. Musik- und Video-CDs sind hier leicht 30 Prozent billiger als in Deutschland. Die Verkäufer wirken freakig, wissen aber Bescheid, Anhören der CDs ist jederzeit möglich. Für Vielkäufer gibt es eine Rabattkarte. *277 Orchard Road, #01-18 Specialists' Shopping Centre, Tel. 62 35 20 11, MRT 23, Somerset,* **[109 F5]** *und 1 Raffles Place, #01-09A OUB Centre, Tel. 65 38 48 28, MRT NS 26, EW 14, Raffles Place* **[115 D3]**

HMV [109 F5]
★ 🏃 Dieser Laden ist vor allem am Wochenende Treffpunkt für Jugendliche. CDs in den oberen Chartpositionen sind meist zum Angebotspreis zu haben. Auf der dritten Etage befindet sich eine Klassik- und Jazzabteilung. *The Heeren Shopping Mall, 260 Orchard Road, MRT NS 23, Somerset*

SCHNEIDER & STOFFE

Meiden Sie die 24-Stunden-Angebote, sonst ärgern Sie sich später über schiefe Nähte und falsche Abmessungen der Kleider und Anzüge. Schnell und gut arbeiten die Schneider in den oberen Stockwerken der *Shopping Arcade* im Mandarin Hotel **[109 F5]** und im *Arcade Einkaufszentrum* am Raffles Place **[115 D3]**. Gutes Handwerk hat

SOUVENIRS

auch in Singapur längst seinen Preis. Ein ordentlicher Anzug aus Qualitätsstoff, für den durchaus mehrere Termine beim Schneider anfallen können, sollte Ihnen mindestens 600 S$ wert sein. Kleider sind ab 100 S$ zu haben.

Aussino [109 E–F5]
Insider Tipp

Zwölf Stunden Flug sind genug. Sie brauchen von Singapur aus nicht mehr weiter nach Australien – denn die farbenfrohe Wäsche von down-under bekommen Sie jetzt auch in Singapur. Die Heimtextilien leuchten in grün, pink und orange und heitern jede noch so triste November-Stimmung in Deutschland auf. *290 Orchard Road, #17-04 The Paragon, Tel. 68 87 57 18, www.aussino.com/fw_html_sg/index.html, MRT NS 22, Orchard*

People's Park [114 B3]
Insider Tipp

Etwas für wahre Entdecker: Im Stoffmarkt von Chinatown können Sie nach Herzenslust stöbern und feilschen. Seide oder Batik werden vor Ort geschneidert, kleine Stände bieten dazu die schönsten Knöpfe an. Viele Läden öffnen erst nachmittags. *Dritter und Vierter Stock im OG-Building People's Park. Upper Cross Street, MRT NE 4, Chinatown*

Serangoon Plaza [111 D3]
★ Ein Dorado für entspanntes Stöbern. Unter dem Dach des typisch indischen Kaufhauses gibt es nichts, was es nicht gibt – ein Panoptikum der Warenwelt zu atemberaubend günstigen Preisen. Vor allem die Stoffabteilung kann sich sehen lassen – und auch hier stehen die Schneider Spalier. Das Kaufhaus gehört, wie ein Großteil Little Indias, einem Inder namens *Mohammed Mustafa*. Deshalb ist das Serangoon Plaza vor allem unter *Mustafas* bekannt. *320 Serangoon Road, Busse 8, 13, 23, 26, 65, 66, 85, 103, 133*

SOUVENIRS

Holzgeschnitzte, bunt bemalte Früchte und Tiere aus Holz oder Stockpuppen aus Indonesien, Zinnwaren aus Malaysia oder chinesische Siegelstempel, Porzellanfiguren und Jade in fast jeder Form gibt es in den vielen kleinen Shophouses in Chinatown. Beliebt sind auch Kräutertees als Mitbringsel.

Eu Yang San [114 C4]
Ein Geschäft für traditionelle chinesische Kräutermedizin, das 1879 gegründet wurde. *269 A South Bridge Road, MRT NE 4, Chinatown*

The Life Shop [115 D–E1]
Sie wollen einen Buddha, bezogen mit pinkfarbenem Plüsch? Oder eine Mao-Figur in leuchtorange? Dann sind Sie im Life Shop richtig. Singapurs erste Adresse für das, was man zum Überleben nicht unbedingt braucht. Junges Design, ein paar Möbelklassiker und moderne Asiatika formen sich zu einer bizarren Mischung. Das Sortiment wird mit einer Auswahl schöner Bildbände über Asien abgerundet. *252 North Bridge Road, #03-25 Raffles City Shopping Centre, Tel. 633 89 98, www.thelifeshop.com, MRT EW 13, NS 25, City Hall*

Lims Arts & Living [118 C4]
Eine Institution unter den Expats in Singapur. Hier gibt es den billigsten Weihnachtsschmuck, die preiswertesten Pashmina-Schals, Andenken

EINKAUFEN

in Hülle und Fülle – und alles für weniger Geld, als in den Souvenirgeschäften von Chinatown. Dafür fehlt dem schmucklosen Kaufhaus allerdings auch der Charme des Chinesenviertels. *#02-01 Holland Road Shopping Centre, Holland Village, Tel. 64 68 07 11, Bus 77, 10 vom Orchard Boulevard aus*

Max Brenner [115 E2]
Eigentlich ist Max Brenner ein Café. Eigentlich gibt es hier hauptsächlich Kakao zu trinken. Besser aber sind die Accessoires, die hier verkauft werden: ausgefallene Kakaotassen, Zubehör für das Schokoladenfondue, feine Süßigkeiten. Ein schönes Mitbringsel, auch wenn Sie in Singapur eingeladen sind. *8 Raffles Avenue, #01-06/08 Esplanade Mall, Tel. 62 35 95 56, MRT EW 13, NS 25, City Hall*

Prints
Sie sind in Singapur, und haben Ihr Tagebuch schon bald voll geschrieben? Kein Problem. Gehen Sie zu Prints, hier gibt es Ersatz – und das in Hülle und Fülle. Die kleinen Läden bieten die schönsten Tage- und Notizbücher, Fotoalben und Taschenkalender. Alle eingebunden in Leinen mit herrlichen Farben und aus gutem Papier. Billig sind sie nicht, die echte Handwerkskunst muss Ihnen schon ein paar Dollar wert sein. *One Raffles Link (Unterführung zwischen Esplanade und Raffles City Shopping Centre), #B1-12/14, Tel. 63 36 33 16, MRT EW 13, NS 25 City Hall* [115 E1] *oder 290 Orchard Road, #04-44A The Paragon, Tel. 68 87 30 08, www.prints-international.com, MRT NS 22, Orchard* [109 E–F5]

Raffles Hotel Shop [115 E1]
Das Geschäft im exklusiven Raffles-Hotel verkauft geschmackvolle, aber nicht eben preiswerte Souvenirs. *328 North Bridge Road, MRT EW 13, NS 25, City Hall*

Singlish

Sprachpuristen jagt Singapurs Sprache Schauer über den Rücken

Eigentlich sprechen die meisten Singapurer neben ihren Muttersprachen Chinesisch, Malaiisch oder Tamilisch auch Englisch. Eigentlich. Denn im Inselland wurde die Sprache von der überwiegend chinesischstämmigen Bevölkerung in Singlish verwandelt. Das heißt, englische Wörter werden munter mit chinesischen Lauten gemischt. Star unter den Anhängseln ist das »lah«, das bei allen Gelegenheiten an fast jedes Wort gehängt wird – okay-lah? Das macht es Europäern schwer, Singlish zu verstehen. Man verzichtet auf Zeiten und grundlegende Grammatik, spricht stattdessen allein die Verben. Auf Fragen bekommen Sie meist ein stumpfes »can« oder »can not« zur Antwort – werten Sie die knappe Aussage also nicht als Unhöflichkeit.

ÜBERNACHTEN

Schlafen im Shophouse

Neben den modernen Luxushotels eröffnen nun auch in Singapur charmante und günstige Häuser

Wer über das nötige Kleingeld verfügt, der hat die große Auswahl unter etlichen Superhotels. Und es sind nicht nur große »Kästen«. Sie können auch im Kolonialstil wohnen wie im Raffles oder im Goodwood Park Hotel mit seinem über 90 Jahre alten Turm, der einem rheinländischen Schloss nachempfunden wurde, im kleinen Designerhotel aus ehemaligen chinesischen Shophouses wie im The Scarlett oder im Strandhotel wie The Sentosa auf der gleichnamigen Insel.

Um sich für Rucksackreisende interessanter zu machen fördert die Stadt inzwischen die Gründung von Backpacker Hotels.

Grundsätzlich gilt: Je weiter das Hotel entfernt liegt von den Touristenpfaden und Einkaufszentren, also von Orchard Road und Scotts Road, desto geringer ist der Preis – und angesichts der niedrigen Kosten für Busse, MRT oder Taxis kann es sich finanziell sehr lohnen, weitere Wege in Kauf zu nehmen. Geld (und Ärger) lässt sich auch sparen, indem man sich als Individualreisender schon vor Reiseantritt um die Unterkunft kümmert. Falls Singapur für Sie beispielsweise Zwischenstation auf dem Weg nach oder von Bali oder Australien ist, dann fragen Sie Ihr Reisebüro oder die Fluggesellschaft nach einem Stop-over-Hotel. Günstiger können Sie in der jeweiligen Preisgruppe vor Ort nicht buchen. Falls Sie aber Firmenkontakte haben, sollten Sie versuchen, an eine *corporate rate* zu kommen. Das kann bis zu 50 Prozent Rabatt einbringen. Ansonsten unterhält die *Singapore Hotel Association* am Flughafen Changi zwei Schalter *(Tel. 65 42 69 55)*, die rund um die Uhr geöffnet sind und über die nicht ausgebuchte Hotels ihre Last-Minute-Zimmer billiger abgeben. Sich darauf zu verlassen ist zuweilen jedoch riskant. Singapurer Hotels sind im Internet erreichbar über *http://hotels.online.com.sg, www.singaporehotels.net* oder *www.discount-singaporehotels.com*.

Diese Singapurer Unterkunft ist günstig und dennoch mit allem Komfort ausgestattet: das YMCA International House

HOTELS €€€

Berjaya Hotel [114 B5]
Das Haus liegt inmitten eines fein restaurierten Teils von Chinatown

HOTELS €€€

Moderner Komfort auch in den Shophouse-Zimmern des Inter Continental

mit vielen Bars und Restaurants. Es besteht aus mehreren ehemaligen chinesischen Wohn- und Geschäftshäusern, die miteinander verbunden wurden. So muss man auf Diskothek und Schwimmbad verzichten. *46 Zi., 83 Duxton Road, Tel. 62 27 76 78, Fax 62 27 12 32, www.berjayaresorts.com, MRT EW 15, Tanjong Pagar*

Crown Prince [109 F5]
Ein Teil der 332 Zimmer bietet Ausblick auf die Orchard Road. Das Sushirestaurant und die Sichuanküche sind empfehlenswert. Auffällig sind die beiden voll verglasten Außenfahrstühle, für Videofilmer gibt es kaum eine bessere Möglichkeit, als von dort die Orchard Road zu »schießen«. *270 Orchard Road, Tel. 62 35 24 98, Fax 62 35 14 16, http://crownhotel.com, MRT NS 22, Orchard*

Goodwood Park Hotel [109 E3]
Der Klassiker, 1900 als deutscher Club erbaut, erinnert an ein Märchenschloss. Rund die Hälfte der 235 Räume sind geräumige Suiten. *22 Scotts Road, Tel. 67 37 74 11, Fax 67 32 85 58, www.goodwoodparkhotel.com.sg, MRT NS 22, Orchard*

Inter Continental [111 D6]
Das Haus gehört zum Shopping- und Bürokomplex Bugis Junction. Bei modernstem Komfort können Sie sich in den etwas teureren Shophouse-Zimmern ein wenig wie in Alt-Singapur fühlen. *406 Zi., 80 Middle Road, Bugis Junction, Tel. 63 38 76 00, Fax 63 38 73 66, singapore@interconti.com, MRT EW 12, Bugis*

Raffles The Plaza und Swissôtel The Stamford [115 E1]
Die beiden Hoteltürme über dem Einkaufszentrum Raffles City haben zusammen 2049 Zimmer. Der höhere Turm ist das ★ *Swissôtel The Stamford*. Vor allem aus den oberen Stockwerken ist die Aussicht über die Stadt und über

ÜBERNACHTEN

die Inseln sehr beeindruckend. Die Hotels haben zusammen 16 Restaurants. Die höchstgelegenen sind das *Jaan* und das *Equinox. 2 Stamford Road, Tel. 63 38 85 85, Fax 63 38 28 62, www.rafflescityhotels.com, MRT NS 25, EW 13, City Hall, Angaben gelten für beide Hotels*

HOTELS €€

Albert Court [110 C4]
Kleines, gemütliches Hotel in der Nähe von Little India. Das Personal ist für seine Freundlichkeit bekannt. *136 Zi., 180 Albert Street, Tel. 63 39 39 39, Fax 63 39 32 52, www.albertcourt.com.sg, Bus 170, 851, 960, 980*

The City Bayview [110 C5]
Kein Luxus, aber alles, was nötig ist, ist drin in diesem Haus mit 117 Zimmern, auch ein Swimmingpool. Nur wenige Gehminuten bis zur Orchard Road. *30 Bencoolen Street, Tel. 63 37 28 82, Fax 63 38 28 80, MRT NS 24, NE 6 Dhoby Ghaut*

Furama Riverfront, King's Hotel, Miramar, River View [113 F2–3]
Diese vier Hotels mit zusammen 1450 Zimmern liegen dicht beieinander am Ende der Havelock Road, nahe zum Singapore River und weit von den Einkaufs- und Geschäftsstraßen Singapurs entfernt. Deshalb sind die Preise für die Übernachtungen bei ansonsten reichhaltigem Angebot relativ günstig. Außer dem Furama Riverfront haben alle anderen Hotels auch einen Swimmingpool. *Furama Riverfront: 405 Havelock Road, Tel. 67 33 20 81, Fax 67 33 15 88, King's Hotel: 403 Havelock Road, Tel. 67 33 00 11, Fax*

MARCO POLO Highlights »Übernachten«

★ **Shangri-La**
Luxus pur und tropisches Grün (Seite 70)

★ **The Scarlet**
Klein, sehr fein – und mitten in Chinatown (Seite 72)

★ **The Sentosa**
Elegant am Strand von Sentosa (Seite 70)

★ **Swissôtel The Stamford**
Zur schönen Aussicht – aus einem der höchsten Hotels der Welt (Seite 68)

★ **Garden Hotel**
Solide und nicht weit zur Stadt (Seite 70)

★ **The Inn at Temple Street**
Fünf restaurierte Shophouses im Peranakan-Stil (Seite 71)

★ **Sloane Court**
Schlicht – und dicht zur Stadt (Seite 73)

★ **YMCA International**
Keine Jugendherberge – ein gutes Hotel zum Spottpreis (Seite 73)

Singapurs Luxushotels

The Fullerton [115 D3]
Die neueste Luxusherberge Singapurs in einem riesigen, prachtvollen Kolonialgebäude am Boat Quay. *400 Zimmer ab 450 S$, Suiten bis 3800 S$, 1 Fullerton Square, Tel. 67 33 83 88, Fax 67 35 83 88, www.fullertonhotel.com, MRT NS 26, EW 14, Raffles Place*

Raffles Hotel [111 D6]
Die Hotellegende ist seit der prachtvollen Wiederauferstehung luxuriös wie nie zuvor. *104 Suiten ab 650 bis 6000 S$, 1 Beach Road, Tel. 63 37 18 86, Fax 63 39 76 50, www.raffles.com, MRT 25, EW 13, City Hall*

The Ritz-Carlton Millenia [115 F1]
★ Das 32 Stockwerke hohe Haus hat unzählige Preise gewonnen. Seine 610 Zimmer sind mit amerikanischer Kunst ausgestattet und bieten mehr Platz als viele andere Hotelzimmer der Luxusklasse. Besonders stolz ist das Management auf den Panoramablick auf die Stadt – sogar aus dem Bad ist er unbeschreiblich schön. *Doppelzimmer ab 515 S$, Suiten bis 5288 S$. 7 Raffles Avenue, Tel. 63 37 88 88, Fax 63 38 00 01, www.ritzcarlton.com/hotels/singapore, Bus 36, 56, 75, 77, 133, 171, 195*

Shangri-La [108 C3]
★ Das Hotel wirbt nicht mit seinem exzellenten Service, auch nicht mit dem »High Tea« in der »Rose Veranda«, nein, der Stolz ist die weitläufige Gartenanlage. *760 Zimmer ab 375 S$, Suiten bis 3200 S$, 22, Orange Grove Road, Tel. 67 37 36 44, Fax 67 37 32 57, www.shangri-la.com, Bus 7, 36, 77, 105, 106 Orchard Road, dann Taxi oder zu Fuß*

The Sentosa [117 D5]
★ Das kleine, feine Strandhotel. Nachts sorgen raffinierte Lichteffekte am Pool und im Park für viel Romantik. *215 Zimmer ab 350 S$, Suiten bis 2500 S$, Sentosa, Bukit Manis, Tel. 62 75 03 31, Fax 62 75 02 28, www.beaufort.com.sg, Sentosa-Busse, Shuttle-Service*

67 32 57 64, www.copthornekings.com.sg; Miramar: 401 Havelock Road, Tel. 67 33 02 22, Fax 67 33 40 27, www.miramar.com.sg; River View: 382 Havelock Road, Tel. 67 32 99 22, Fax 67 32 10 34, www.riverview.com.sg, Bus 51, 64, 123, 186

Garden Hotel [109 E2]
★ Die 216 Zimmer sind nicht, wie sonst in Singapur üblich, hoch übereinander getürmt, sondern gehen in nur vier Stockwerken von den Fluren ab, die eine geräumige Hotelhalle einrahmen. Für die Gäste stehen zwei Swimmingpools zur Verfügung. Mit dem Taxi sind es fünf Minuten bis zur Orchard Road. *14 Balmoral Road, Tel. 62 35 33 44, Fax 62 35 97 30, Bus 66, 67, 167, 171*

Golden Landmark [111 E5]
Von den meisten der 393 Zimmer hat man einen schönen Blick auf das alte malaiische Viertel Singa-

ÜBERNACHTEN

purs. Etliche deutsche Reiseveranstalter haben das gut ausgestattete Haus in ihrem Programm. Das Hotel mit Swimmingpool ist ausgesprochen preiswert, weil es weitab von den großen Einkaufsstraßen liegt. *390 Victoria Street, Tel. 62 97 28 28, Fax 62 98 20 38, www.goldenlandmark.com.sg, MRT EW 12, Bugis*

Holiday Inn Atrium [113 E–F2]
Der üppig ausgestattete Rundbau mit seiner Glasfassade hat zwei Swimmingpools, einen davon für die Gäste der 51 »Executive«-Räume in den obersten drei Etagen. Ein gutes Chinarestaurant ruft Erinnerungen an das Shanghai der 1920er-Jahre wach; internationale Küche finden Sie in einem Coffeeshop nach Art der 1950er-Jahre. Die relativ günstigen Preise versöhnen mit der Lage fern von Touristenattraktionen und Innenstadt. *515 Zi., 317 Outram Road, Tel. 67 33 01 88, Fax 67 33 09 89, www.ichotelsgroup.com, MRT NE 3, EW 16, Outram Park*

The Inn at Temple Street [114 C4]
★ Das 1998 im Herzen von Chinatown eröffnete Hotel erstreckt sich über fünf restaurierte Shophouses. Die attraktive Einrichtung im Peranakan-Stil, einer Mischung aus chinesischen, malaysischen und europäischen Möbeln und Farben, erinnert an die reiche kulturelle Tradition der Nachbarschaft. *36 Temple Street, Tel. 62 21 53 33, Fax 62 25 53 91, www.theinn.com.sg, MRT NE 4, Chinatown*

Perak Lodge [111 D4] *Insider Tipp*
Geschmackvoll eingerichtet ist dieses hübsche kleine Hotel und Gasthaus in einem renovierten Peranakan-Haus im Stadtteil Little India zu finden. Es wird privat geführt, und die freundlichen Mitarbeiter geben gerne Tipps, wie die Umgebung zu erkunden ist. *34 Zi., 12 Perak Road,*

Das Raffles Hotel im wiedererlangten Glanz der Kolonialzeit

HOTELS €

Einfach stilvoll: Perak Lodge

Tel. 62 99 77 33, Fax 63 92 09 19, www.peraklodge.com, MRT NE 7, Little India

Robertson Quay Hotel [114 B2]
Das moderne Hotel in rundem Gebäude – mit rundem Pool auf dem Dach – liegt in der Nähe des Ausgehviertels Clarke Quay. Man ist schnell an der Orchard Road und im Business District. *150 Zi., 15 Merbau Road, Tel. 67 35 33 33, Fax 67 38 15 15, www.robertsonquayhotel.com.sg, MRT NE 5, Clarke Quay*

Insider Tipp Royal Peacock [114 B4]
In zehn alten Shophouses entstanden 73 Zimmer und sechs Suiten. Sie sind liebevoll und pfiffig möbliert, doch im Parterre ohne Fenster. Das Hotel liegt im einstigen chinesischen Rotlichtviertel und ist umgeben von Restaurants und Bars. *55 Keong Saik Road, Tel. 62 23 35 22, Fax 62 21 17 70, MRT EW 16, NE 3, Outram Park*

The Scarlet [114 C4]
★ Die Lage im Herzen von Chinatown ist toll, die Einrichtung überwältigend: Roter Brokat, opulentes Gold und Schwarz schaffen Barockatmosphäre, die Portiers tragen Livree. Für das Hotel wurden Anfang 2005 die Shophouses entlang einer ganzen Straße miteinander verbunden und renoviert. *5 Suiten, 79 Zi., 33 Erskine Road, Tel. 65 11 33 33, Fax 65 11 33 03, www.thescarlethotel.com, MRT NE 4, Chinatown*

HOTELS €

Bencoolen Hotel [110 C6]
🏃 Beliebte Herberge bei Rucksacktouristen. Die 69 Zimmer haben internationale Selbstwähltelefone und Fernseher, es gibt ein Restaurant und einen Wäscheservice. *47 Bencoolen Street, Tel. 63 36 08 22, Fax 63 36 22 50, MRT NS 24, NE 6, Dhoby Ghaut*

Broadway [111 D3]
Ein Hotel weitab vom Zentrum, aber mitten in Little India. Die 63 Zimmer haben Selbstwähltelefone, es gibt einen Coffeeshop und ein Restaurant. *195 Serangoon Road, Tel. 62 92 46 61, Fax 62 91 64 14, broadway@pacific.net.sg, MRT NE 8, Farmer Park, Bus 23, 64, 65, 66*

Mayfair City [115 D1]
27 Zimmer, sehr schlicht möbliert, mit lauten Klimaanlagen, aber immerhin auch mit Fernseher. Das Hotel gilt bei vielen europäischen Travellern wegen seiner zentralen Lage als Geheimtipp und ist stets gut gebucht. *40/44 Armenian Street, Tel. 63 37 45 42, Fax 63 37 17 36, MRT NS 25, EW 13, City Hall*

ÜBERNACHTEN

Metropole [111 D6]
Am oberen Rand dieser Preisgruppe, wird in diesem Hotel viel geboten fürs Geld. Die Aussicht aus den 54 Zimmern ist zwar öde, aber das Haus ist zentralgekühlt und gut ausgestattet, vom Babysitter über Business Centre, Coffeeshop und Restaurant bis hin zu internationalem Selbstwähltelefon und Wäscheservice. Das Beste jedoch: Das Metropole liegt direkt neben dem Raffles – was man hier spart, kann man dort verprassen. *41 Seah Street, Tel. 63 36 36 11, Fax 63 39 36 10, www.metrohotel.com, MRT NS 25, EW 13, City Hall*

Sloane Court [109 E2]
★ Gegenüber vom Garden Hotel liegt dieses kleine Haus im Stil eines europäischen Gasthofs, mit Fachwerk und großem Garten. Passend eingerichtet sind die 32 Zimmer und die Gaststube mit deftiger westlicher Küche. *17 Balmoral Road, Tel. 62 35 33 11, Fax 67 33 90 41, Bus 66, 67, 167, 171*

Strand [110 C6]
Die 130 funktional eingerichteten Zimmer haben Fernseher mit Videoprogramm, es gibt eine Lounge mit Livemusik und einen Coffeeshop. Günstige Lage zur Innenstadt. *25 Bencoolen Street, Tel. 63 38 18 66, Fax 63 38 13 30, MRT NS 24, NE 6, Dhoby Ghaut*

Supreme [110 A5]
Aus einem Teil der 86 Zimmer blickt man über eine Stadtautobahn auf den Park des Präsidentenpalasts, aus dem anderen Teil auf das Hotel Meridien. Die eher kleinen Räume sind mit Fernseher, internationalem Selbstwähltelefon und schlichten Rattanmöbeln ausgestattet. Es gibt 24-Stunden-Room-Service und eine Wäscherei. Bis zur Orchard Road sind es zu Fuß knapp fünf Minuten. *15 Kramat Road, Tel. 67 37 83 33, Fax 67 33 74 04, MRT NS 23, Somerset*

Waterloo Hostel [110 C6]
Rucksackreisende finden in dem von Katholiken betriebenen kleinen Hostel für 20 S$ ein Bett im Schlafsaal. Es gibt auch günstige Einzel- und Doppelzimmer mit Aircondition und Fernsehen. Zentrale Lage. *25 Zi. und 1 Schlafsaal, 55 Waterloo Street, Catholic Centre Building, 4. Stock, Tel. 63 36 65 55, Fax 63 36 21 60, www.waterloohostel.com.sg, MRT EW 12, Bugis*

YMCA
International House und [110 C6]
YMCA Metropolitan [108 C1]
★ Sie brauchen weder christlich noch jung noch männlich zu sein, um in einem der Häuser wohnen zu können. Nur schnell genug: Angesichts des sehr günstigen Preis-Leistungs-Verhältnisses ist vor allem beim zentral gelegenen International House der Andrang groß. Die für diese Preisklasse überraschend üppige Ausstattung mit Swimmingpool und Squashplätzen, Fitnesscenter, Coffeeshop und internationalen Selbstwähltelefonen in den einfach eingerichteten Zimmern gibt es jedoch auch in etwas abgelegeneren Metropolitan. *International House: 1 Orchard Road, Tel. 63 36 60 00, Fax 63 37 31 40, MRT NS 24, NE 6, Dhoby Ghaut, YMCA Metropolitan: 60 Stevens Road, Tel. 68 39 83 33, Fax 62 35 55 28, Bus 105, 132, 190, www.ymca-hotels.com*

AM ABEND

Auf den Partymeilen der Stadt

Diskotheken mit Technobeats und Chill-out-Locations neben chinesisch eingerichteten Bars

Manch einer mag von Singapur noch Prickelnderes erwarten, wurde aus dem Namen der Stadt im Englischen doch bis in die 1970er-Jahre hinein ein Spitzname abgeleitet: *Sin galore* – »Sünde satt«. Und Singapur machte dieser Bezeichnung einst alle Ehre. Mit der Unabhängigkeit 1965 begann sich das zu ändern: Die neue Regierung erließ zunächst Verbote, führte dann die Todesstrafe für Drogenhandel ein und entledigte sich des Sündenviertels Bugis Street bei günstiger Gelegenheit gleich mit Stumpf und Stiel: Für den U-Bahn-Bau musste die ganze Gegend umgegraben werden. Doch ganz ließ sich die Sünde nicht verdrängen. Drogen sind zwar noch immer genauso tabu wie der Verkauf des »Playboy«, aber dennoch haben sich die Sitten im einst puritanischen Stadtstaat inzwischen deutlich gelockert. »Swinging Singapore«: Unter diesem Motto möchte sich Singapur heute gerne der Welt präsentieren.

Wenn das Nachtleben auch noch immer nicht ganz so aufre-

Pub, chinesisch gestylt

gend ist wie in anderen asiatischen Metropolen, Hongkong oder Bangkok etwa, sprießen ständig neue Bars, Kneipen und Clubs aus dem Boden, in denen Singapurer oft bis zum frühen Morgengrauen feiern. Auch das Kulturangebot ist heute relativ groß und vielfältig. Veranstaltungshinweise finden Sie in der lokalen Presse, wie zum Beispiel in der *Straits Times,* der kostenlosen *Streats* und dem *IS Magazine*.

BARS & KNEIPEN

Kneipen werden in Singapur britisch »Pubs« genannt. Die hohen Preise fast aller zentral gelegenen Etablissements werden in der *Happy Hour* erträglicher. In einigen Lokalen gibt es dann Rabatt aufs Einzelgetränk. Üblicher ist aber das 2-für-1-Prinzip, das heißt, Sie zahlen

Im Brewerkz wird nur selbst gebrautes Bier gezapft

Bars & Kneipen

Zahlreiche Ausgehmöglichkeiten gibt es entlang der Mohamed Sultan Road

nur für ein Glas Bier oder Wein, bekommen dafür aber zwei serviert (meist 17–20 Uhr, doch es gibt viele Ausnahmen).

Ein Schwerpunkt der Kneipenszene ist der ✢ *Boat Quay* [115 D2–3]. Unter den vielen Kneipen hier gibt es etliche mit Livemusik. Auch am benachbarten *Clarke Quay* [114 C2–3] können Sie Ihr Bier in zahlreichen Etablissements direkt am Singapore River trinken. Für die Yuppies der Stadt ist die *Club Street* [114 C4] mitten in Chinatown die heißeste Meile. Hier finden Sie auch schicke (und teure) Restaurants.

Während die Kneipen an Boat und Clarke Quay vor allem bei den Expats (also den in Singapur lebenden und arbeitenden Ausländern) und Touristen beliebt sind, ist die populärste Partymeile junger Singapurer die nicht weit entfernte ★ ✢ *Mohamed Sultan Road* [114 A–B 1–2]. Hinter historischen Fassaden verbergen sich Kneipen und Diskos mit unterschiedlichster Einrichtung: vom chinesischen Nostalgielook bis hin zum futuristischen Interieur. Beliebt sind zum Beispiel *Wong San's*, *Front Page* und *Tajie*. Auch entlang der Orchard Road gibt es zahlreiche Ausgehmöglichkeiten, etwa am Emerald Hill [109 F5] – empfehlenswert sind vor allem *No. 5*, *Ice Cold Beer*, *Papa Joe's* und *Que Pasa* – oder an der Cuppage Terrace [110 A5].

Immer mehr Kneipen werden in den restaurierten Shophouses von Chinatown eröffnet, und auch Chijmes [115 D1] beherbergt viele beliebte Bars und Kneipen. Zu einem Singapurbesuch gehört auch ein Abstecher in die *Long Bar* im Raffles Hotel [111 D6], in der 1915 der Singapore Sling erfunden wurde.

Eine nette Tasse Kaffee oder Tee am Nachmittag in einem der zahl-

AM ABEND

reichen Cafés am *One Fullerton Pier* [115 E3] mit Blick auf die See hat schon was. Doch so richtig amüsant wird es spät am Abend und des Nachts, wenn Singapurs Jugend ausgeht.

Anywhere [108 C4]
Die Mischung der Bands und Musikrichtungen ist manchmal verblüffend – gelegentlich spielen auch die Gäste mit, die zumeist zwischen 20 und 40 Jahre alte Expats sind. *Mo–Do 18–2, Fr 18–3, Sa 20–3 Uhr; 4. Stock, Tanglin Shopping Centre, Tanglin Road, MRT NS 22, Orchard*

Brannigans [115 D1]
In dem lauten Fun-Pub herrscht ab 20 Uhr Hochbetrieb, und Sie müssen vor allem am Wochenende in langer Schlange auf den (freien) Eintritt warten. Das internationale Publikum besteht weit gehend aus Singles aller Nationalitäten, die in den Pausen der lauten Livemusik schnell miteinander ins Gespräch kommen. *Tgl. ab 17 Uhr; Chijmes, 30 Victoria Street, 01–21/23, MRT NS 25, E 13, City Hall*

Brewerkz [114 C2]
Das riesige Kneipenrestaurant am Clarke Quay beherbergt eine Mikrobrauerei, in der das Bier frisch gebraut wird. Es schmeckt nicht nur gut, sondern kostet auch weniger als in vielen anderen Kneipen. *Mo–Do 12–0, Fr–Sa 12–1, So 11–0 Uhr; 30 Merchant Road, 01–05 Riverside Point, MRT NE 5, Clarke Quay*

Brix [109 E4]
Livebands spielen Jazz, Funk und lateinamerikanische Musik in dieser modernen Bar im Grand Hyatt Hotel. *So–Di 19–2 Uhr; Do–Sa 19 bis 3 Uhr; Happy Hour tgl. 19–21 Uhr; Basement, Grand Hyatt, 10 Scotts Road, MRT NS 22, Orchard*

City Space [115 E1]
In der 70. Etage im Equinox-Complex hoch über den Dächern gelegen, bietet diese ultra-moderne Bar mit ihrer winzigen Lounge

---

MARCO POLO **Highlights**
»Am Abend«

★ **MW Bar**
Rhythm & Blues zum Entspannen nach hartem Sightseeing (Seite 78)

★ **Centro & Embargo**
Einer der lässigsten Plätze im Inselland (Seite 79)

★ **Mohamed Sultan Road**
Intreff der jungen Szene (Seite 76)

★ **Que Pasa**
Gemütliche Weinstube hinter historischer Fassade (Seite 78)

★ **Cocoon**
Schwelgen im Schutz von Terracottawächtern (Seite 79)

★ **Zouk**
Singapurs bekannteste Diskothek (Seite 79)

CLUBS & DISKOTHEKEN

Im Equinox-Komplex sind mehrere Bars und Restaurants untergebracht

(Platz für 53 Gäste) exklusiven Luxus. Kaviar und Zigarren werden bei täglicher Livemusik genossen. *So–Do 17–1, Fr/Sa 17–2 Uhr, 2, Stamford Road, Eingang im Swissôtel The Stamford via Intro Bar, MRT NS 25, EW 13, City Hall*

MW Bar [114 B1]

★ 🏃 Neben den Nightlife-Spots *Madam Wong's*, *Newsroom Bar* und *Shanghai Sally* gehört diese chinesisch aufgemachte Bar zu den schönsten Chill-out-Plätzen. R-&-B-Variationen werden nirgendwo sonst so sanft zusammengestellt. *Tgl. 17–3 Uhr, Happy Hour So–Do 17–22 Uhr, 27 Mohamed Sultan Road, MRT NE 5, Clarke Quay*

Next Page [114 B1]

🏃 In der Mohamed Sultan Road haben ein paar Journalisten ehemalige chinesische Shophouses restauriert und zu Kneipen umgebaut. Das begann mit diesem Lokal *(Nr. 15)*. Die Getränkepreise sind zivil, Sie können Darts und Poolbillard spielen. Es gibt Zeitungen und Spiele für den Fall, dass Sie hier wider Erwarten doch mit niemandem ins Gespräch kommen. *7 Mohamed Sultan Road, tgl. 17–0 Uhr, MRT NE 5, Clarke Quay*

Que Pasa [110 A5]

★ Singapurs älteste, gemütliche Weinstube ist in einem schön restaurierten Shophouse untergebracht. Es gibt Tapas zu essen, gespielt wird meist spanische Musik. *So–Do 18–2, Fr/Sa 18–3 Uhr, 7, Emerald Hill, MRT NS 23, Somerset*

CLUBS & DISKOTHEKEN

Es gibt so viele Diskotheken, dass in einigen von Sonntag- bis Donnerstagnacht Leere herrscht. Entsprechend sind die Eintrittspreise, die

AM ABEND

üblicherweise ein erstes Getränk einschließen, an diesen Tagen nicht ganz so hoch. Am Wochenende sind die meisten Läden übervoll, dann finden zu späterer Stunde nur noch Mitglieder Eintritt.

Centro & Embargo [115 E3]
★ 🏃 Supercool gestylte Diskothek direkt am Wasser, einer der angesagtesten Clubs in der Stadt. Hier trifft sich die schräge Szene, die sich deutlich an Europa orientiert. *Di–So 21–3 Uhr, kein Eintritt, One Fullerton, 1 Fullerton Road, MRT NS 26, EW 14, Raffles Place, www.centro360.com*

Das Embargo im selben Komplex ist eine Mischung aus moderner Bar-Lounge und Chill-out-Stätte. Vor allem junge Leute amüsieren sich hier im dämmrigen Licht. *Tgl. 21–3 Uhr, Eintritt je nach Event, ca. 25 S$*

China Black [109 E4]
🏃 Hierhin kommt man, um zu sehen und gesehen zu werden. Der schicke Club mit seinem futuristischen Interieur zieht Models und (Möchtegern-)Berühmtheiten an. Sie können hier nicht nur tanzen, sondern auch Sushi essen. *Di–Fr 17 bis 3, Sa 19–3, So 21–3 Uhr, Eintritt Mo–Do 15S$, Fr/Sa Frauen 18S$, Männer 22 S$, So Frauen 18 S$, Männer 25 S$, Pacific Plaza Penthouse, 9 Scotts Road, MRT NS 22, Orchard*

Insider Tipp

Cocoon [114 C2]
★ Der jüngste Coup der Indochine-Gruppe in Singapore: Riesige Terracottawächter stehen am Eingang, dahinter im Erdgeschoss die Bar Cocoon, im Obergeschoss das Restaurant *Madame Butterfly*. Opiumbetten, Seidenkissen und Kristallleuchter sorgen für Opulenz. *Tgl. 17–6 Uhr, 3 A Merchant's Court, River Valley Road #01-02, MRT NE 5, Clarke Quay*

Gotham Penthouse [114 C2]
🏃 Alles unter einem Dach – von Chill-Out-Bar bis Disko. Die Hitze wird gekühlt durch Wasserspiele an den Wänden, blaues Licht und riesige Aquarien mit Tropenfischen. *Tgl. 21–5 Uhr, 3 A River Valley Road, Merchant's Court, #03-01 Clarke Quay, MRT NE 5, Clarke Quay*

Insomnia [115 D1]
Der neueste In-Platz der Stadt, ausgerechnet im altehrwürdigen Vergnügungsviertel Chijmes. Viele Live-Bands, entspannte Stimmung, Burger und Kebabs für den großen Hunger. *Mi–Sa 23–5, So–Di 23 bis 4 Uhr, Happy Hour tgl. 11–21 Uhr, 30 Victoria Street, #01 21-23 Chijmes*

Zouk [113 F2]
★ 🏃 Singapurs bekannteste Diskothek ist immer voll und zieht bekannte DJs aus der ganzen Welt an. In drei Lagerhallen sind drei verschiedene Diskotheken mit unterschiedlichen Musikrichtungen untergebracht: *Zouk, Phuture* und *Velvet Underground*. *Zouk und Phuture: Mi–Sa 19–3 Uhr, Velvet Underground: Di–Sa 21–3 Uhr, www.zoukclub.com, 17 Jiak Kim Street, Bus 16, 75, 195, 970*

KINOS

Mehrere große Kinos entlang der Orchard Road zeigen internationale Filme. Sexszenen fallen allerdings der Schere des Zensors zum Opfer. Eine Ausnahme sind »künstlerisch wertvolle Filme für Erwachsene

KONZERTE, THEATER, BALLETT

über 21 Jahre«, auf Plakaten, Aushängen und in Anzeigen durch die Buchstaben R (A) gekennzeichnet. Wenn Sie auf Zelluloidleichen nicht verzichten können, dann wählen Sie ein Kino außerhalb der Innenstadt: In den dort gezeigten Krimis und Kung-Fu-Filmen aus Hongkong oder Taiwan fallen Helden und Bösewichte in Massen (englische Untertitel).

KONZERTE, THEATER, BALLETT

Für europäische Ohren gewöhnungsbedürftig ist die Musik der drei großen Volksgruppen Singapurs. Optisch dagegen sind ihre Opern-, Theater-, Konzert- oder Tanzaufführungen allemal ein Genuss. Die Eintrittspreise sind fast immer niedrig. Daneben ist natürlich auch die europäische Musik- und Theatertradition vertreten.

Klassische und moderne Theaterstücke, Konzerte, Musicals und Ballettaufführungen gibt es an allen Wochentagen. Die meisten Veranstaltungen werden im neuen Zentrum *The Esplanade Theatres on the Bay* aufgeführt. Ein schöner Veranstaltungsort ist das altehrwürdige *Victoria Theatre, 9 Empress Place, Tel. 63 38 82 83* **[115 D2]**.

Tickets für die meisten kulturellen Veranstaltungen vertreibt die zentrale Vorverkaufsstelle *sistic*, die Dependancen überall in der Stadt unterhält *(Tel. 63 48 55 55, www.sistic.com.sg)*. Karten gibt es auch bei *Ticket Charge, Tel. 62 96 29 29, www.ticketcharge.com.sg*

Chinesische Straßenoper
Bei festlichen Anlässen (vor allem beim Fest der hungrigen Geister) werden in Chinatown und anderen Stadtteilen auf den Straßen Bühnen aus Bambusgerüsten und Planen aufgebaut. Allabendlich spielen dann üppig ausstaffierte und reich geschminkte Opernstars mit schrillem Falsett stundenlang Legenden aus Chinas Geschichte nach. Nehmen Sie sich einen der Klappstühle, hören und sehen Sie ein Weilchen zu. Die Sache ist kostenlos, und niemand stört sich am Kommen und Gehen der Passanten.

Auch wenn gerade kein chinesisches Fest stattfindet, können Sie Chinas Opernkünste kennen lernen: Jeden Freitag- und Samstagabend veranstaltet der *Chinese Theatre Circle*, eine traditionelle chinesische Truppe, Aufführungen von populären Kantonopern in seinem Teehaus in Chinatown. *Fr, Sa 19–21 Uhr, 5 Smith Street* **[114 B4]**, *Eintritt inkl. Abendessen 35 S$, Tel. 63 23 48 62, www.ctcopera.com.sg, MRT NE 4, Chinatown*

Konzerte
1979 wurde das Singapore Symphony Orchestra gegründet, und seither gibt es mehr oder minder regelmäßig Konzerte an Freitag- und Samstagabenden. Großen Unternehmen und dem internationalen Kulturaustausch ist zu verdanken, dass gelegentlich renommierte Orchester aus aller Welt zu Gastspielen anreisen. Informationen über Veranstaltungen erhalten Sie im *The Esplanade Theatres on the Bay* **[115 E2]** oder auf *www.sso.org. sg*.

An Sonntagen finden auch Konzerte im *Musikpavillon des Botanischen Gartens* **[108 A3]** statt. Geboten werden Jazz, Klassik und zuweilen auch Popmusik. Rock- und Popkonzerte werden auch frei-

80

AM ABEND

Erlebnis für Augen und Ohren: chinesische Straßenopern

tag- und samstagabends auf der Freilichtbühne auf der zum Wasser gewandten Seite der *Esplanade* geboten. Immer häufiger gibt es am Wochenende Openairkonzerte im Innenhof von *Chijmes*, ebenfalls kostenlos. Auch hier wird meistens Jazz gespielt. Ab und zu werden auch im *Fort Canning Park* **[110 B6, 114 C1]** Freiluftkonzerte veranstaltet. In der *Jubilee Hall* im Raffles Hotel **[111 D6]** werden meist kleinere Konzerte gespielt.

Konzerte mit klassischer chinesischer Musik und Volksmusik werden regelmäßig von der *Insider Tipp* Nanyang Academy of Fine Arts (NAFA) organisiert *(Auskunft Mo–Sa 9–17 Uhr, Tel. 63 37 66 36)*. Für indische Musik- und Tanzdarbietungen im klassischen Stil wenden Sie sich am besten an die *Insider Tipp* Singapore Indian Fine Arts Society, *Tel. 62 97 50 33.*

Theater

Bis weit in die 1980er-Jahre hinein bedeutete Theater in Singapur Importware. Inzwischen hat sich das Bühnenleben jedoch vielfältig entwickelt, obwohl es für Singapurs Kulturpolitik keine Priorität genießt. Noch immer unterliegt das Theaterschaffen der staatlichen Zensur.

Experimentierfreudigere Theatergänger besuchen das *Action Theatre* **[110 C6]**, in einem restaurierten Vorkriegsbungalow *(42 Waterloo Street, Tel. 68 37 08 42, www.action.org.sg, MRT EW 12, Bugis)* oder *The Substation* **[115 D1]** *(45 Armenian Street, Tel. 63 37 78 00).*

Die derzeit beste englischsprachige Theaterbühne Singapurs ist das *Singapore Repertory Theatre/DBS Arts Centre* **[114 B2]**, untergebracht in einem ehemaligen Speicherhaus. Nach der Vorstellung lohnt sich ein Rundgang im Kneipen- und Kulturviertel entlang des Singapore River. *20 Merbau Road, Tel. 67 33 81 66, www.srt.com.sg, MRT NE 5, Clarke Quay*

STADTSPAZIERGÄNGE

Morgens in China, mittags in Indien

Die Spaziergänge sind in der Karte
auf dem hinteren Umschlag und im Cityatlas
ab Seite 108 grün markiert

1 DAS BESTE VON CHINATOWN

Dreistündiger Spaziergang durch das Touristenmekka Chinatown mit seinen taoistischen und indischen Tempeln, Moscheen sowie zahlreichen Kneipen und kleinen Restaurants.

Direkt neben dem *Sri Mariamman Temple (S. 32)* an der South Bridge Road stoppen die meisten Touristenbusse. Dann schwärmen Dutzende Menschen aus und nehmen die Straßen des Viertels lediglich durch den Sucher ihrer Videokamera wahr. Springen rasch in einen der vielen Andenkenläden, bevor sie schnell wieder den Bus entern, in dem die Klimaanlage brummt. Weiter geht's.

Auch dieses Szenario gehört zum Alltag in Chinatown. Was Besucher alles versäumen, wenn sie nur zur halbstündigen Stippvisite aussteigen, zeigt sich auf diesem Spaziergang.

Nehmen Sie sich Zeit, machen Sie oft Rast in einem der Cafés und

Einer der Spaziergänge führt Sie auch hierher, nach Little India

schauen sich das geschäftige Treiben auf den Straßen an.

Vor etwa 200 Jahren haben sich die chinesischen Einwanderer – Händler aus Fujian, Goldschmiede und Köche aus Kanton, Fischer, aus Chaozhou, Schmiede und Schreiner – weitab der noblen Engländerviertel niedergelassen. Am Fluss fanden die meisten Arbeit – als Kuli oder Kaufmann. Aus windschiefen Bretterhütten wurden Prachtbauten der Clans, die heute zum Teil renoviert sind.

Der Rundgang beginnt am Sri-Mariamman-Tempel. Kurioserweise liegt dieser älteste Hindutempel (1827 erbaut) im Herzen des chinesischen Viertels. Besucher müssen beim Eintritt (Schuhe ausziehen!) die Götter von ihrer Ankunft informieren, indem sie die Glocke läuten.

Einige Meter weiter entlang der South Bridge Road können Sie eine der ältesten Moscheen Singapurs besichtigen. Muslime aus Südindien haben um 1827 herum mit dem Bau der *Jamae Mosque* begonnen. Orientieren Sie sich kurz wieder zurück in Richtung Hindutempel, biegen Sie aber vor ihm rechts ab in die *Pagoda Street*. An deren Ende sehen Sie die moderne Brücke über die New Bridge Road, die durch den MRT-Neubau der North East Line nötig wurde. Beim Bummel über die Pagoda Street werden Sie von indischen Schneidern angesprochen, die Sie in ihre Shops locken wollen. Sollte Ihnen der Sinn nach Antiquitäten stehen, werden Sie hier auch fündig.

Von der Brücke aus entdecken Sie auf der rechten Seite einen imposanten Bau, das ehemalige *Majestic Theatre*. Dort wurden einst chinesische Opern dargeboten, bis in den 1950er-Jahren ein Kino einzog. Seit 1998 stand das wunderschöne Gebäude leer, 2001 rückten Bauarbeiter an. Inzwischen ist das Haus für 8 Mio. S$ renoviert und einer neuen Bestimmung übergeben worden: Es ist nun – wenig überraschend für Singapur – eine Shoppingmall.

Insider Tipp

Über die New Bridge Road kommen Sie zurück auf die Straßen zwischen Trengganu und South Bridge Road. Warum machen Sie hier nicht Pause und probieren eine der vielen Spezialitäten, die entlang der neuen Smith Food Street angeboten werden.

Gestärkt kommen Sie nun durch die Club Street zur *Telok Ayer Street*. Hier liegt der *Thian-Hock-Keng-Tempel (S. 34)*, der älteste taoistische Tempel Singapurs. In dem ausladenden Tempelkomplex, mit dessen Bau 1821 begonnen wurde, entfaltet sich vor allem in den frühen Morgenstunden und abends die Religiosität der Singapur-Chinesen.

Zwischen Telok Ayer, Cross, China und Pekin Street liegt der *Far East Square,* ein restauriertes historisches Viertel. Die Ansammlung von Shophouses ist überdacht, die Gassen sind vollklimatisiert. Zwar wirkt das Ganze etwas künstlich, aber dennoch können Sie hier einen kleinen Einblick in das Leben der ersten chinesischen Einwanderer bekommen. Empfehlenswert ist ein Besuch des *Fuk-Tak-Ch'i-Museums (S. 41)* im ältesten Tempel Singapurs. Im Far East Square gibt es auch Restaurants, Cafés und Geschäfte. Gegenüber im *China Square Food Centre* können Sie auf vier Etagen Hawker-Spezialitäten probieren.

Lassen Sie sich zum Abschluss von den Lokalen am Singapore River zur Rast verlocken: Von der Telok Ayer Street gehen Sie in nur wenigen Minuten zur Church Street und durch die Market Street bis zum *Boat Quay (S. 76)*.

2 RUND UM DEN MUSEUMSGÜRTEL

Von der Orchard Road bis Chinatown führt dieser Stadtrundgang zu historischen Gebäuden und Museen, für den Sie mindestens einen halben Tag einplanen sollten. Sie erhalten Einblicke in Geschichte, Kunst und Kultur der multiethnischen Bevölkerung Singapurs. Vom Boat Quay aus können Sie eine Bootstour anschließen.

Der Gang beginnt an der MRT-Station Dhoby Ghaut. Von dort geht es zunächst einige Schritte die Orchard Road entlang. Biegen Sie dann beim Singapore Shopping Centre links in die Clemenceau Avenue ein und nach 200 m nochmal links in die Fort Canning Road. Hier, im *Fort Canning Park (S. 26)*, haben Sie schon den Rand des Mu-

STADTSPAZIERGÄNGE

Materialien für den Bau des Thian-Hock-Keng-Tempel kamen aus aller Welt

seumsgürtels erreicht. Neben den historischen Grabmälern malaiischer Herrscher und britischer Kolonialgrößen wird der Park (hinter dem Drama Centre) für Skulpturenausstellungen, populäre Konzerthappenings (an Sonntagen) und Theateraufführungen unterm Sternenhimmel genutzt. Nun zurück über die Fort Canning Road, vorbei an der kolonialen Presbyterian Church (Sonntags 16.30 Uhr evangelischer Gottesdienst), führt die Route in die Stamford Road zum *Singapore History Museum (S. 42)*, einem der schönsten Kolonialbauten, in dem Singapurs multi-ethnisches Erbe präsentiert wird. Wenige Schritte weiter südwärts, rechts an der Armenian Street, liegt die *Substation (S. 45)*, Singapurs avantgardistischer Musentempel. Neben dem kleinen Theater hat in einem vorzüglich restaurierten armenischen Herrschaftshaus das *Asian Civilisations Museum (S. 39)* eine neue Heimat für alles Chinesische in Singapurs Geschichte und Gesellschaft.

Zurück über die Armenian Street kommen Sie zum *Singapore Art Museum (S. 42)*, Nachfolger der Nationalgalerie, in der Bras Basah Road. Neben zeitgenössischer singapurischer Malerei wird eine Sammlung südostasiatischer Kunst gezeigt; auch Werkausstellungen einzelner Künstler oder Ausstellungen zu bestimmten Kunstepochen sind zu sehen. Das Gebäude, die ehemalige St. Joseph's Institution, zählt zu den Perlen der englischen Kolonialarchitektur des frühen 19. Jhs.

Nun geht es die Bras Basah Road südostwärts. Biegen Sie dann in die Victoria Street ein. Nach wenigen Schritten liegt dort rechter Hand *Chijmes (S. 20)*, die ehemalige Klosteranlage des Holy Infant Jesus, ein Muss am Museumsgürtel. Sehenswert sind vor allem die Ge-

Singapurs traditionsreichste Theaterbühne: das Victoria Theatre

bäude aus der Mitte des 19. Jhs., unter anderem eine neugotische Basilika, die heute für kulturelle Veranstaltungen genutzt wird. Spätestens hier ist eine Rast angesagt. Die kulinarische Auswahl ist groß.

Müde Spaziergänger und Kunstgesättigte können die Tour hier abschließen, aber das historische Zentrum der Stadt gehört eigentlich dazu. Gehen Sie die Hill Street hinunter, und biegen Sie links in die Coleman Street ein. Sie führt in die St. Andrews Road am *Padang*, dem Paradeplatz, auf dem einst die koloniale Society promenierte. Links liegt die *St. Andrew's Cathedral (S. 33)*, in entgegengesetzter Richtung erheben sich die 1929 erbaute *City Hall (S. 24)*, das alte *Parlament (S. 23)* und das *Victoria Theatre*, koloniale Gebäude, über die die Statue des Stadtgründers Sir Stamford Raffles wacht. Dann sind es nur noch wenige Schritte durch die Parliament Street über die Cavenagh Bridge zum *Boat Quay (S. 76)*. Hier beginnt das restaurierte Chinatown.

Ab der Ablegestelle Boat Quay (oder auch ab Clarke Quay) empfiehlt sich eine kleine Bootstour mit den pittoresken *bumboats (12 S$, Kinder 6 S$)*, die früher Waren von den großen Schiffen im Hafen an Land brachten. Sie schippern entlang den historischen Gebäuden und modernen Hochhäusern bis zum Hafen. Vom Wasser aus entdecken Sie links den *Merlion (S. 28)* an seinem neuen Platz am Fullerton One und auf der rechten Seite das neue Kulturzentrum *Esplanade (S. 21)* mit seinen eigenwillig geformten Dächern.

3 REISE NACH INDIEN

Ein Spaziergang durch das Reich von Kali, Shiva und Ganesch in Little India ist vor allem ein Erlebnis für die Sinne (Dauer 3 Stunden).

Es braucht wenig Phantasie, sich auf den Straßen in Little India vor-

STADTSPAZIERGÄNGE

zustellen, tatsächlich in Indien zu sein: Allerdings überwiegen hier die schönen Seiten des Subkontinents: exotische Gewürze, farbenfroher Alltag, einmalige Atmosphäre.

Als Sir Stamford Raffles 1819 nach Singapur segelte, war er in Begleitung von 120 Indern (überwiegend Soldaten), die zu den ersten indischen Einwanderern gehörten. Ende des 19. Jhs. kamen weitere ihrer Landsleute (meist aus Madras oder Kalkutta), um Arbeit als Straßenbauer oder in der Verwaltung zu finden.

Der Spaziergang beginnt an der Serangoon Road, einer der ältesten Straßen in Singapur. Das *Tekka Centre* gibt einen ersten Eindruck vom Alltagsleben: Frauen erledigen ihre Einkäufe in farbenfrohen Saris, Stirn und Hände geschmückt mit einem Punkt (ist er rot, ist die Dame verheiratet) und kunstvollen Hennalinien. Gegenüber liegt *Little India Arcade*. In den alten Shop-Häusern, die 1982 renoviert wurden, kann man Saris, indische Süßigkeiten und Ayurveda-Utensilien kaufen.

Sie verlassen die Arcade durch den Ausgang Clive Street, biegen nach links ab und an der nächsten Kreuzung wieder links und befinden sich auf der *Cambell Lane*. Dort werden hauptsächlich Möbel und Instrumente hergestellt.

Von der Serangoon Road aus lohnen sich immer wieder Abstecher in die Seitenstraßen (Dunlop Street, Upper Dickson Road, Cuff Road), es gibt überall etwas zu entdecken: Wahrsager, die vor Hauseingängen sitzen und ihre Papageien die alles entscheidende Karte ziehen lassen, duftende Blumenläden, unzählige Stoff- und Schmuckläden. Die vielen kleinen indischen Restaurants haben ein gutes Angebot vegetarischer Gerichte. Gerne gibt man Ihnen Nachhilfe und erklärt den Unterschied zwischen den Spezialitäten Chapati, Dhosai, Prata und Puri. Oder probieren Sie Teh-halia, leckeren Ingwertee – garantiert gesund. Danach sind Sie gestärkt für den *Sri Veeramakaliamman Temple*, der hinter der Kreuzung Belilios Road an der Serangoon Road liegt. Bengalische Arbeiter haben ihn 1881 erbaut und der Hindugöttin Kali gewidmet, der Gemahlin des mächtigen Gottes Shiva (der Zerstörer). Kali ist eine machtvolle Gottheit, Veeramakaliamman bedeutet übersetzt »Kali, die Mutige, die Beherzte«. Vor allem dienstags und freitags, an heiligen Tagen, sind hier viele Gläubige, denn auch Ganesch, der elefantenköpfige Sohn Kalis, Gott der Weisheit, ist hier anzutreffen. Der Tempel ist von 12.30 bis 16 Uhr geschlossen.

Ein Schlenker über die *Race Course Road*, eine etwas ruhigere Straße mit hervorragenden Curryrestaurants, lohnt sich vor allem wegen der indischen Klänge, die aus den lebhaften Pubs dröhnen. Hinter der Bushaltestelle liegt ein weiterer Hindutempel, bevor der chinesische Tempel *Sakaya Muni Buddha Gaya* zu sehen ist. Er wird von zwei riesigen Löwen bewacht. In dem Tempel der 1000 Lichter, wie er auch genannt wird, sitzt ein 300 t schwerer Buddha.

Von dort geht es zurück auf die Serangoon Road und wieder in Richtung Innenstadt. Wer noch Energie hat, lässt Mustafas Krimskrams-Kaufhaus, vornehm *Serangoon Plaza (S. 64)* genannt, nicht links liegen.

AUSFLÜGE & TOUREN

Strände und Dschungel

Rosafarbene Delphine locken nach Sentosa, Äffchen ins MacRitchie Reservoir

SENTOSA

[116–117 A–F 3–6] Sentosa ist die meistbesuchte Ausflugsinsel Singapurs. Die Stadtbewohner genießen hier vor allem Outdooraktivitäten. Allerdings erfährt die Tropeninsel gerade einen vollkommenen Umbau – für 10 Mia. S$ werden u. a. Strandhäuser und eine Tourismusakademie gebaut. Bis zur Insel sind es 500 m. Wer zu Fuß kommt, zahlt 2 S$ Eintritt. Fahren Sie mit dem Bus, zahlen Sie 3 S$. Für die einfache Fahrt mit dem Cable Car (ab Mount Faber [116 C1]) werden 8,90, für Kinder 3,90 S$ verlangt. Informationen zur Insel auf www.sentosa.com.sg.

Auf Sentosa ist der Transport kostenlos: Zur Auswahl stehen eine Einschienenbahn, die Monorail, eine kleine Bummelbahn am Strand und verschiedene Busse. Am Eingang bekommen Sie eine Karte mit den Inselattraktionen.

🏃 Am Strand kann man nicht nur faulenzen, sonnenbaden und

Sentosa ist ein riesiger Freizeitpark zum Sporttreiben und Entspannen

schwimmen, sondern allerlei Geräte ausleihen, wie Rollerskates, Bälle, auch Kanus oder Aquabikes (Wasserfahrräder). An allen Stränden stehen saubere Duschen und Umkleideräume kostenlos zur Verfügung. Die Strände liegen am südlichen Ufer und sind zu Fuß oder mit der Monorail *(Palawan Beach: Monorail Station 4, Siloso Beach: 2)* zu erreichen, *Tanjong Beach* mit der roten oder gelben Buslinie.

Der ruhigste Strandabschnitt ist *Tanjong Beach*. Im Juni treffen sich Sandbildhauer aus aller Welt zur *Sand-Sation* und verwandeln *Siloso Beach* jedes Jahr nach einem neuen Motto; dann stehen ägyptische Pyramiden oder chinesische Tonsoldaten aus Sand am Strand. Gefeiert wird hier auch gerne, Partyevents werden in der Presse angekündigt.

Die Stars auf Sentosa sind 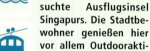pinkfarbene indopazifische Buckeldelphine in der Dolphin Lagoon am Palawan Beach *(Monorail Station 5, dann mit der Bimmelbahn oder zu Fuß)*. Viermal am Tag wird eine – nicht unbedingt atemberaubende – Show gezeigt: Schön ist, dass Besucher zu den Delphinen ins Wasser waten und sie streicheln können.

Wer wissen möchte, was sich noch so alles in den Meerestiefen

Welcher Fisch schwimmt am schnellsten? Im Tunnel in Underwater World

abspielt, besucht ★ *Underwater World (Monorail Station 2)*. In der Unterwasserwelt brummt die Klimaanlage auf Hochtouren, deshalb ist eine Jacke oder ein Pulli ratsam. Direkt am Eingang können Besucher im nassen Streichelzoo erste Bekanntschaften mit Seesternen und Stachelschweinfischen schließen. Spektakulär ist der 83 m lange Acryltunnel, den Besucher bequem auf einem langsamen Laufband passieren – über und neben ihnen sausen Haie, Rochen und Seepferdchen durchs Wasser. Achten Sie auf die Fütterungszeiten, wenn Taucher ins Riesenaquarium steigen. Wer möchte, taucht mit Haien oder dem Dugong, der ungeachtet seines plumpen Äußeren im Wasser durch seine Grazie besticht. *Tgl. 9–21 Uhr, Eintritt für Dolphin Lagoon und Underwater World 17,30 S$, Kinder 11,20 S$ (unter 90 cm Körpergröße frei), www.underwaterworld.com.sg*

Zu den jüngeren Attraktionen auf Sentosa gehört der ☀ *Sky Tower*, mit 110 m Höhe der höchste Aussichtsturm Singapurs. Eine geschlossene Gondel erlaubt 72 Fahrgästen einen Panoramablick. *Tgl. 9 bis 21 Uhr, Eintritt 10 S$, Kinder 6 S$, Monorail Station 6*

Der Besuch des künstlichen ☀ *Merlion (Monorail Station 1 oder 4)* mit den grünen Augen lohnt sich, wenn Sie einen schönen Blick auf Singapur genießen möchten. Zwar ist die Kreatur nur 37 m hoch, der Blick auf die Innenstadt und die südliche Küste ist jedoch fabelhaft. *Tgl. 10–20 Uhr, Eintritt 8 S$, Kinder 5 S$.*

Auch *Butterfly Park and Insect Kingdom Museum* sind einen Besuch wert. Die Betreiber sind stolz auf Tausende von Glühwürmchen. Die Schmetterlingsfarm präsentiert etwa 3000 aufgespießte Insekten und Schmetterlinge, zum Glück gibt es aber auch etwa 1500 frei

AUSFLÜGE & TOUREN

fliegende Schönheiten. *Tgl. 9 bis 18.30 Uhr; Eintritt 10 S$, Kinder 6 S$, Monorail Station 3*

BUKIT TIMAH NATURE RESERVE

[118 C3] ★ Gute Kondition sollten Sie schon mitbringen, wenn Sie einige Stunden im Regenwald verbringen möchten. In dem knapp 160 ha großen Gelände kann man sich schöne Touren vornehmen: Ob Sie 5 Stunden marschieren oder nur eine kurze Wanderung unternehmen – auf festes Schuhwerk sollten Sie auf keinen Fall verzichten. *Hindhede Drive, Nebenstraße der Bukit Timah Road, MRT NS 21, Newton, weiter mit Bus 67, 170, 171 oder direkt mit Bus 171 ab Orchard Road/Orchard Boulevard. Visitor Centre tgl. 8.30–18 Uhr, Eintritt frei*

☆ Bukit heißt Berg, und der Bukit Timah ist die höchste Erhebung Singapurs, Eine Schönheit ist der Bukit Timah nicht, man hat ihn mit großen Funkantennen und einem Steinbruch verschandelt, aber seine 80 ha Primärwald sind beeindruckend. Neben Rio de Janeiro darf sich Singapur zu den wenigen Metropolen zählen, die Urwald innerhalb der Stadtgrenzen bieten können. Selbstbewusst berichten Naturschützer, der Park zähle mehr Baumarten als Nordamerika, darunter mehr als 800 einheimische. Fest steht, dass die Dschungelvegetation der gigantischen Farne und der riesigen Bäume weit gehend unberührt geblieben ist. So fühlen sich viele Vögel (darunter Seeadler), Schmetterlinge, Insekten, Eichhörnchen, Eidechsen, Affen und Schlangen dort zu Hause.

Die Pfade im Dschungel sind bestens ausgeschildert. Die Ausstellungshalle am Eingang verschafft Ihnen einen kurzen Überblick über Blumen, Blätter und Insekten, dort ist auch ein englischsprachiges Faltblatt erhältlich. Lässt Ihr Zeitplan es zu, planen Sie Ihren Besuch an Wochentagen: Dann haben Sie den Dschungel fast für sich alleine. Fast – die Mücken kennen keinen freien Tag, und so sollten Sie unbedingt an ausreichenden Mückenschutz denken.

Insider Tipp

MACRITCHIE, SELETAR, LOWER UND UPPER PEIRCE RESERVOIRS

[118 C2–3] Die grüne Lunge des Stadtstaates bietet neben Bäumen auch ausgedehnte Stauseen. Die vier Seen sind angelegt worden, um Singapur in Notfällen einige Tage lang mit Trinkwasser versorgen zu können. Der Ausflug dürfte vor allem für Kinder toll sein: Neben dem vielen Grün, schön für kurze Stippvisiten oder stundenlange Spaziergänge, bietet das Mac-Ritchie Reservoir Spielplätze, Wasserfontänen und kleine Trimmübungsgeräte. Es gibt schöne Orte für ein Picknick. Der Zugang zu allen genannten Grünanlagen bietet sich vom MacRitchie Reservoir aus an; *vom Zentrum mit der MRT NS 17 bis Bishan, dann weiter mit dem Bus 156 oder MRT NS 20 bis Novena, weiter mit Bus 162, 166, 167 und 980.*

Bus 132 von Orchard Road (vor der thailändischen Botschaft), Bus 167 von Scotts Road (vor dem Kaufhaus Pacific Plaza). Wer direkt ins Seletar Reservoir fährt nimmt Bus Nummer 171 bis Mandai Road.

Im Herzen der Insel, umrahmt von den großen Straßen Bukit Timah Expressway, Lornie Road, Upper Thomson Road und Mandai Road, wurde ein großes Naturschutzgebiet angelegt, das optisch bestimmt wird durch vier große Wasserreservoire. Dort vergisst man die Hektik und den Lärm der Metropole.

Insider Tipp

Das MacRitchie Reservoir ist rund ums zauberhaften See wie ein weitläufiger Dschungelpark angelegt, die drei anderen Landschaftsparks sind etwas ursprünglicher. Wenn Sie früh am Morgen kommen und etwas Glück haben, werden Sie von Äffchen begrüßt. Je weiter Sie sich in den Dschungel hineinwagen, desto größer ist die Chance, Urwaldbewohner wie Schmetterlinge und Eidechsen anzutreffen. Dann brauchen Sie allerdings einen guten Orientierungssinn, denn für eine sorgfältige Ausschilderung ist nicht gesorgt. Den meisten wanderunlustigen Einwohnern ist eine ausgedehnte Tour durch den Dschungel deshalb zu unbequem. Sie bleiben lieber auf den Holzplanken, die malerisch am Seeufer entlangführen. Von dort sind Fische und Schildkröten im Wasser zu beobachten. Im Seletar Reservoir können Sie sich selbst im Paddelboot auf den See wagen. Rund um die Eingangsbereiche sind kleine Kaffee- und Imbissbuden zu finden – dennoch ist es keine schlechte Idee, einen Picknickkorb mitzubringen.

PULAU UBIN

[119 E–F2] Keine Hochhäuser, keine Autos – wer die Metropole so richtig satt hat, flieht auf eine kleine Insel, die Singapur zeigt, wie es vor dem wirtschaftlichen Aufschwung einmal war. MRT EW 4 bis Tanah Merah, dann Bus 2 nehmen bis Changi Jetty, dann umsteigen auf das bumboat. Die Überfahrt kostet 2 S$ pro Strecke. Auf der Insel können Sie sich gut einen halben Tag aufhalten.

Pulau Ubin (Pulau ist das malaysische Wort für Insel) ist ein Naturerlebnis für Vogelliebhaber und Wanderlustige – und vor allem für Fahrradfans. Denn am besten erkundet man das kleine Eiland mit einem der Räder, die für 4 bis 6 S$ an der Straße hinter dem Fähranleger vermietet werden.

Auf der Insel mag man eigentlich nicht glauben, in Singapur zu sein – und das beginnt schon bei der Abfahrt: Die Barke fährt los, wenn sie voll ist, und es gibt keinen Fahrplan. Fest steht lediglich, dass die erste Fahrt um 6 Uhr beginnt; die letzte Rückfahrmöglichkeit ist um 20 Uhr. Ankömmlinge erhalten eine kleine Karte, auf der Straßen und Wanderrouten eingezeichnet sind; auch der kleine Strand, an dem Zelten erlaubt ist, ist eingezeichnet, er ist jedoch nicht gepflegt. Ansonsten sehen Sie Garnelenzuchtbetriebe, Entenfarmen und einige traditionelle Fischerhütten, die auf Stelzen stehen. Vor allem aber sehen Sie, dass auch in Singapur die Zeit stillstehen kann.

AUSFLÜGE & TOUREN

Auf Pulau Ubin scheint die Zeit still zu stehen

SUNGEI BULOH WETLAND RESERVE

[118 B2] Entdecken Sie die Vielfalt der Mangroven, und lassen Sie sich davon überraschen, wie aufregend das »Wildlife« in tropischen Feuchtgebieten sein kann. Ausgeschildert sind halbstündige Spaziergänge, eine etwa 3 km lange Tour oder eine 7 km lange Route, die in vier bis fünf Stunden zu bewältigen ist. Keine schlechte Idee ist, eine der organisierten Wanderungen mitzumachen. Samstags werden knapp einstündige, kostenlose Führungen angeboten. Treffpunkt ist um 9 und 10 Uhr am Eingang. Individuelle Touren können Gruppen bis zu 40 Personen unter Tel. 67 94 14 01 vereinbaren, Kostenpunkt 50 S$. Weitere Aktivitäten finden Sie auf der Webseite www.sbwr.org.sg. Von der MRT NS 7 Kranji aus fährt Bus 925 an Wochentagen nur bis zum Kranji Reservoir Carpark, von dort muss man etwa 15 Min. zum Eingang wandern. An Sonn- und Feiertagen fährt der Bus bis zum Eingang. Mo–Sa 7.30–19 Uhr, So und an Feiertagen 7–19 Uhr, Eintritt 1 S$, Kinder 0,50 S$.

Sungei ist malaiisch und heißt Fluss – und Wasser spielt eine bedeutende Rolle in diesem Naturschutzpark. Die 87 ha sind ein Feuchtgebiet, in dessen Mangrovendickicht allerlei Tierarten wie Eisvögel und Reptilien, Eichhörnchen und Glühwürmchen, Fledermäuse, unzählige Insekten und viele andere Tiere zu Hause sind. In dem Gebiet wurden Wanderwege und Beobachtungspavillons angelegt, die am Wochenende viele Singapurer anlocken.

Angesagt!

**Events, Meetings und Aktionen,
die Sie kennen und nicht verpassen sollten!**

Kunst im Netz

Junge, freche Kunst tut sich schwer im strengen Stadtstaat. Um sich frei entfalten zu können, ist das Internet besonders für junge Leute ein willkommenes Medium. Die Gruppe tsunamii.net, von Woon Tien Wei und Charles Lim Yi Young gegründet, hat es im Sommer 2002 sogar bis zur Documenta nach Kassel geschafft: Ihre seltsamen Welten sind Kult. Die blasenartigen Phantasieräume können virtuell begangen werden: *www.tsunamii.net*. Auf der Website werden auch Happenings angekündigt.

Treffpunkt Shoppingmalls

The Heeren Shopping Mall an der Orchard Road und Cineleisure Orchard an der 1 Grange Road schräg gegenüber sind die angesagten Treffpunkte szeniger Jugendlicher. Noch staunt man die mutigen jungen Japaner an, die lässig ihre grell gefärbten Schöpfe zur Schau stellen – das traut sich die heimische Jugend noch nicht.

Per Brett über den Fluss

Wakeboarding, eine Mischung aus Wasserskifahren und Surfen ist der jüngste Trend unter Singapurs (Wasser-)Sportbegeisterten. Das Klima eignet sich hervorragend für den neuen Funsport. Anfänger können Einführungskurse für die buchen, Erfahrene mieten einfach ein Boot und die Ausrüstung. Der Kallang Riverside Park liegt so zentral, dass auch Kurzentschlossene hier aufs Brett kommen. *Extreme Trainingscenter, Tel. 63 44 88 13, www.extreme.com.sg, MRT EW 10 Kallang dann Bus 2, 51, 67, 80; Proair Watersport im SAF Yacht Club. Tel. 67 56 80 12, www.pro-airwatersport.com,* **[119 D4]**; *Sembawang Camp, 43 Admirality Road West, MRT NS 11 Sembawang, dann Bus 856* **[118 C1]**

Abtanzen

Werfen Sie einen Blick auf die Laternenpfähle vor allem in Little India. Auf meist einfach kopierten Zetteln wird dort eingeladen zum Abtanzen – Beginn oft erst im Morgengrauen. Besonders in sind im Moment »Bollywood-Partys«, auf denen indische DJs auflegen. Überlaufen sind auch die Strandpartys auf Sentosa.

PRAKTISCHE HINWEISE

Von Anreise bis Zoll

Hier finden Sie kurz gefasst die wichtigsten Adressen und Informationen für Ihre Singapur-Reise

ANREISE

Bus
Expressbusse aus Kuala Lumpur (mindestens 5 Stunden Fahrt über die Autobahn) kommen am Queen Street Terminal (E 1) **[111 E4]** nahe der MRT-Station Bugis an.

Flugzeug
Die meisten Besucher landen auf dem Flughafen Changi **[119 F3]**, der immer wieder zu einem der weltbesten gewählt wird. Die Flüge aus Deutschland mit Lufthansa oder Singapore Airlines werden im Terminal 2 abgefertigt. Direkt unter der Abfertigungshalle liegt die MRT-Station CG 2. Die Züge fahren alle zwölf Minuten zwischen 5.31 und 23.18 Uhr Richtung Innenstadt (Orchard mit MRT NS 22), die Fahrt kostet 2,60 S$. Aus der Innenstadt fährt die letzte MRT um 23.24 Uhr von der Station Orchard Road aus. Alle Züge führen über Tanah Merah (EW 4), von dort weiter zur City Hall (EW 13) ohne Umsteigen (2,40 S$). Der Fahrscheinautomat im MRT-Bahnhof am Flugplatz schluckt nur Münzen sowie 2- und 5-Dollar-Scheine.

Landen Sie im Terminal 1, müssen Sie zunächst mit dem Skytrain zum Terminal 2 hinüberfahren, um dort dann mit der Rolltreppe zur MRT-Station ins Tiefgeschoss zu gelangen. Ebenfalls vom Tiefgeschoss aus, aber mit einer Rolltreppe etwa in der Mitte von Terminal 1 und Terminal 2 zu erreichen, fährt die klimatisierte Buslinie 36 alle zehn Minuten bis zur Orchard Road. Eine Fahrt kostet 1,70 S$. Die Münzen müssen Sie abgezählt bereithalten.

Außerdem gibt es Taxis (Fahrtzeit etwa 20 Minuten, unter 20 S$), Maxicabs (für sechs Personen 35 S$), Mercedes-Limousinen (35 S$) und Hotelbusse. Die Fahrer der Limousinen werben meist aggressiv unter den Ankommenden um Fahrgäste – Sie sparen Geld, wenn Sie sich in die (kurze) Schlange für normale Taxis einreihen. Unschwer können Sie mit Ihrem Hotel auch eine Abholung am Flugplatz vereinbaren.

Schiff
Kreuzfahrtschiffe legen am Cruise Centre beim Harbour Front Centre **[116 C2]** an. Von dort fährt die MRT NE zur Orchard Road (NE 6 Dhoby Ghaut). Oder Sie nehmen ein Taxi, in 15 Min. sind Sie im Zentrum.

AUSKUNFT VOR DER REISE

Singapore Tourism Board
– Hochstraße 35–37, 60313 Frankfurt/Main, Tel. 069/920 77 00, Fax 297 89 22, info@stb-germany.de

AUSKUNFT IN SINGAPUR

Singapore Tourism Board (STB) Visitor Information Centres

Die Zentren sind hervorragend ausgestattet, ein Besuch gerade auf der Orchard Road lohnt.
– *Changi Airport, Ankunftshallen Terminal 1 und 2, tgl. 6–2 Uhr* **[119 F3]**
– *Orchard Road: Kreuzung Cairnhill Road mit Orchard Road, tgl. 8 bis 22.30 Uhr* **[109 F5]**
– *177 River Valley Road, Liang Court Shopping Centre, tgl. 10–22 Uhr* **[114 C2]**
– *73 Dunlop Street (The Inncrowd Backpackers' Hostel), tgl. 10–22 Uhr* **[111 D4]**
– *The Galleria Suntec City Mall, tgl. 10–18 Uhr* **[111 E6]**
24-Stunden-Hotline:
Tel. 180 07 36 20 00 (gebührenfrei)

BANKEN & GELDWECHSEL

Die besten Kurse bieten die Wechselstuben mit dem Zeichen »Authorized Money Changer« in vielen Einkaufszentren und Geschäftsstraßen. Vermeiden Sie den teuren Geldwechsel im Hotel. Beim Eintausch von Reiseschecks nehmen manche Banken hohe Gebühren. Die Zweigstellen der OCBC-Bank tauschen allerdings kostenlos. Ungünstig ist der Tausch in Europa vor der Reise.

Öffnungszeiten der Banken meist Mo–Fr 9.30–15 oder 16 Uhr, Sa 9.30–11 Uhr. Mehrere Zweigstellen der DBS-Bank sind Sa bis 15 Uhr geöffnet. Zahlreiche Geldautomaten akzeptieren Visa-, American Express und Mastercard-Karten wie auch die meisten größeren Geschäfte. Für den Einsatz einer deutschen Karte ist eine Auslandseinsatz-Gebühr von meist knapp 2 Prozent fällig.

www.marcopolo.de

Im Internet auf Reisen gehen

Mit über 10 000 Tipps zu den beliebtesten Reisezielen ist MARCO POLO auch im Internet vertreten. Sie wollen nach Paris, auf die Kanaren oder ins australische Outback? Per Mausklick erfahren Sie unter www.marcopolo.de Wissenswertes über Ihr Reiseziel. Zusätzlich zu den Informationen aus den Reiseführern bieten wir Ihnen online:

- das *Reise Journal* mit aktuellen News, Artikeln, Reportagen
- den *Reise Service* mit Routenplaner, Währungsrechner und Compact Guides
- den *Reise Markt* mit Angeboten unserer Partner rund um das Thema Urlaub

Es lohnt sich vorbeizuschauen: Wöchentlich aktualisiert, gibt es immer wieder Neues zu entdecken. Bleiben Sie auf dem Laufenden mit unserem E-Mail-Newsletter, den Sie kostenlos abonnieren können!

PRAKTISCHE HINWEISE

DIPLOMATISCHE VERTRETUNGEN

Botschaft der BRD [115 D3]
50 Raffles Place #12-00, Singapore Land Tower, Singapore 048623, Mo–Fr 8.30–12.30 Uhr, Tel. 65 33 60 02, www.germanembassy-singapore.org.sg/de/home/index.html, MRT NS 26, EW 14 Raffles Place

Österreichische Handelsmission [111 E5]
Austrian Embassy (Commercial Counsellor), 600 North Bridge Road, #24-04/05 Parkview Square, Singapore 188778, Mo–Fr 0-16 Uhr, www.austria.org.sg/, Tel. 63 96 63 50, MRT EW 12, Bugis

Schweizerische Botschaft
1 Swiss Club Link, Singapore 288162, Mo–Fr 9–12.30 Uhr, Tel. 64 68 57 88, www.eda.admin.ch/singapore_emb/e/home.html, Taxi

EINREISE

Kein Visum notwendig. Bei der Einreise (nur mit Reisepass!) erhält man einen Stempel, der den Aufenthalt bis zu vier Wochen erlaubt *(Verlängerung beim Immigration Department, Tel. 63 91 61 00)*. Vor der Passkontrolle ist eine zweiseitige *Landing Card* auszufüllen. Deren Durchschrift bewahren Sie bis zur Ausreise auf; bei Verlust müssen Sie einfach eine neue ausfüllen.

FLUGHAFENSTEUER

Die Flughafengebühr von 15 S$ ist meist schon im Preis des Tickets enthalten und muss sonst beim Abflug bezahlt werden.

GESUNDHEIT

Impfungen sind nicht vorgeschrieben und nicht nötig, außer bei Einreise aus einem Gelbfieber- oder Choleragebiet. Singapur ist nicht malariagefährdet. Das Leitungswasser kann problemlos getrunken werden. Nach einem Arzt fragen Sie am besten in Ihrem Hotel.

INTERNET

Touristen finden im Internet drei Seiten des Singapore Tourism Board: *www.new-asia-singapore.de* informiert in deutscher Sprache, *www.visitsingapore.com* und *www.meet-in-singapore.com.sg* in Englisch. Hotelübersicht auf *www.hotels.online.com.sg*

INTERNETCAFÉS

Die Preise in den unzähligen Internetcafés ähneln sich: Eine halbe Stunde im Netz kostet in der Regel 3 S$, eine Stunde 5 S$. Im Singapore Visitors Centre ist es möglich zu surfen, *#01-35 Suntec City, Temasek Boulevard, von 8 bis 20 Uhr*. Das *i-surf (www.isurf.com.sg)* befindet sich im *#02–20 Far East Shopping Centre, 545 Orchard Road, (11–23 Uhr)*, und im *#02–14 Far East Plaza, 14 Scotts Road (9.30 bis 21 Uhr)*. Öffentlicher Zugang zum Internet auch am Flughafen.

KLEIDUNG

Tragen Sie Baumwolle, möglichst locker geschnitten, oder moderne Funktionskleidung für heißes Wetter. Bei längeren Fußmärschen ist ein Regenschirm wichtig (Tropenschauer!). Tempel dürfen Sie nur ohne Schuhe betreten. Vermeiden Sie Ledersohlen: Manche Fußwege und Flächen sind mit Kacheln belegt, die bei Nässe spiegelglatt werden.

€	S$	S$	€
1	2,17	1	0,46
3	6,51	3	1,38
4	8,68	4	1,84
5	10,85	5	2,30
9	19,53	9	4,14
15	32,56	15	6,91
20	43,41	25	11,51
70	151,93	90	41,44
125	271,26	140	64,42

NOTRUF & NÜTZLICHE RUFNUMMERN

Polizei *999*, Krankenwagen und Feuerwehr *995*
24-Stunden-Notdienst in Krankenhäusern: *Gleneagles Hospital, Tel. 64 73 72 22; Mount Elizabeth Hospital, Tel. 67 37 26 66,* beide zentral gelegen und empfehlenswert
Telefonauskunft Singapur *Tel. 100*,
Internationale Auskunft *Tel. 104*
Fluginformation *Tel. 65 42 44 22*
Singapore Airlines *Tel. 62 23 88 88*
Lufthansa *Tel. 62 45 56 00*

ÖFFENTLICHE VERKEHRSMITTEL

Busse und Mass Rapid Transit (MRT)

Die U-Bahn MRT wird momentan erweitert. In Bahnhöfen und Zügen hängen übersichtliche Streckenpläne aus, Lautsprecherdurchsagen sind auf Englisch. Fahrten mit der MRT kosten zwischen 0,80 und 1,80 S$. MRT-Züge sind im Stadtgebiet von 6 Uhr bis Mitternacht unterwegs. In Spitzenzeiten kommt alle zwei bis vier Minuten ein Zug.

Es gibt zwei Busgesellschaften: SBS und TIBS. Deren Busse fahren alle sechs bis 15 Minuten von 6 Uhr bis Mitternacht. Die Fahrpreise liegen je nach Ziel zwischen 0,70 und 1,50 S$. Im Bus kann man direkt beim Fahrer zahlen – das Geld muss dann abgezählt sein.

Die EZ-link Card, umgangssprachlich Easy-Card, ist eine aufladbare Mehrfahrtenkarte und kostet 15 S$, 5 S$ bekommen Sie bei der Rückgabe erstattet. Jeder Fahrgast braucht eine eigene Karte. Im Bus muss man vorne beim Fahrer einsteigen und das erste Ablesegerät nutzen, beim Ausstieg das zweite Ablesegerät an der hinteren Tür. Der Fahrpreis wird automatisch abgebucht. In der U-Bahn wird die Easy-Card vor das Ablesegerät an der Schranke gehalten, am Zielbahnhof wird erneut die Schranke passiert.

EZ-link Card und der Transit Link Guide (1,50 S$) mit allen U-Bahn- und Busverbindungen sind in MRT- und Busbahnhöfen an Schaltern oder Automaten zu kaufen. Informationen auf *www.smrt.com.sg, www.sbstransit.com.sg, www.tibs.com.sg*

Der *SIA-Hop-on-Bus* fährt jede halbe Stunde zwischen Orchard Road, Bugis Junction, Suntec City, dem Kolonialviertel, Boat Quay, Chinatown, Little India und Botanischem Garten. Tickets und Tageskarten sind in großen Hotels, Singapore-Airlines-Büros und beim Fahrer zu kaufen. *Tgl. 9–18 Uhr; 6 S$. Mit Bordkarte von Singapore Airlines und Silk Air kostet die Fahrt 3S$, für Stop-over-Passagiere mit Voucher ist sie kostenlos.*

PRAKTISCHE HINWEISE

Taxis
Alle sind klimatisiert und haben geeichte Taxameter. Der erste Kilometer kostet 2,40 S$, alle weiteren 240 Meter 0,10 S$. Es werden verschiedene Zuschläge berechnet; genaue Tariftabellen finden Sie innen an den Autotüren. Taxistände finden Sie vor allen größeren Einkaufszentren und vor Hotels. Telefonische Bestellung: *Comfort Cablink Tel. 652 11 11; City Cab Tel. 65 52 22 22; TIBS Taxi Tel. 65 55 88 88; Premium Cabs Tel. 65 52 28 28*

Trolleybusse
Die nostalgisch gestalteten Kastenbusse verkehren von 9.30 bis 22 Uhr stündlich zwischen Orchard Road, Kolonialviertel, Singapore River, Raffles Hotel, Clarke Quay, Marina und Suntec City. Die Fahrkarten (9 S$) gelten einen ganzen Tag für unbegrenzte Fahrten. Packagetouren schließen eine Bootsfahrt auf dem Singapore River ein (14,90 S$). Fahrkarten in den Hotels, aber auch bei den Fahrern direkt. *Auskunft Tel. 63 39 68 33*

POST

Postämter: *Mo–Fr 8.30–17 Uhr, Sa bis 13 Uhr.* Zentrale Postämter sind *Tanglin Post Office, 56 Tanglin Road, gegenüber Tanglin Mall; Orchard, 391 Orchard Road, #4-15 Kaufhaus Ngee Ann City.* Briefpost können Sie mit Hilfe der Hotelrezeption verschicken.

REISEZEIT

Singapur hat zwei Jahreszeiten, aber immer eine sehr hohe Luftfeuchtigkeit: die Trockenzeit (März bis Okt.) mit Höchsttemperaturen von 33 Grad und die Regenzeit (Nov.–Feb.), in der das Thermometer bis auf 23 Grad fallen kann. Flüge nach und von Singapur sind um das chinesische Neujahr und Weihnachten oft ausgebucht.

STROM

Netzspannung 220–240 Volt bei 50 Hertz. In den meisten Hotels passen deutsche Stecker; sonst sind Dreipunktstecker üblich (Adapter an der Rezeption und in vielen Läden).

TELEFON & HANDY

Internationale Telefonate bei allen Fernsprechern mit »IDD«-Symbol. Telefonkarten erhältlich in Telecomshops, Postämtern, Schreibwarenläden und Wechselstuben (Preis 3–50 S$). Kreditkartentelefone gibt es bspw. am Flughafen, in Postämtern und Telecomshops. Ein Ortsge-

Was kostet wie viel?

Kaffee — **0,50–2,10 Euro** für eine Tasse Kaffee

Snack — **1,40–2,40 Euro** für eine Portion Chicken Rice in einem Food Centre

Bier — **1,90–3,30 Euro** für ein Glas Bier

Bootsfahrt — **4,20–23 Euro** Fahrt um die südlichen Inseln

Obst — **0,15 Euro** für eine Scheibe Melone

U-Bahn — **0,37–0,85 Euro** für eine einfache Fahrt

spräch von öffentlichen Telefonen kostet 0,10 S$ (3 Min.), ein Gespräch nach Deutschland und in die Schweiz 1 S$, nach Österreich 1,40 S$. Vom Flughafen aus kann man lokale Gespräche kostenlos führen. Vorwahl Singapur: *0065,* Vorwahl nach D: *0049,* Ö: *0043,* CH: *0041*

Der Empfang für Handys ist perfekt. Anrufe aus oder nach Deutschland sind sehr teuer. Wer das Handy nutzen will, kauft im Telecomshop, in Postämtern oder beim Zeitungshändler eine Prepaid-Karte für 20 S$ und tauscht diese gegen die heimische SIM-Karte aus (Netzwerk GSM 900).

ZEIT

Gegenüber Mitteleuropäischer Zeit im Sommer sechs, im Winter sieben Stunden voraus.

ZOLL

Zollfrei eingeführt werden können ein Liter Alkohol und kleine Mengen Parfum für den persönlichen Gebrauch, nicht aber Zigaretten! Verboten ist die Einfuhr von Pornografie. Exportgenehmigungen für den normalen persönlichen Bedarf sind nicht nötig. *Zollauskunft Tel. 65 42 70 58.*

Bei der Heimkehr kann man zollfrei mit sich führen: 200 Zigaretten oder 50 Zigarren, 1 l Alkohol mit über 22 Prozent, 50 ml Parfum oder 250 ml Eau de Toilette sowie Einkäufe bis zu einem Gesamtwert von 175 Euro.

Der Import allen Krokodilleders in andere Länder bedarf stets einer komplizierten Genehmigung nach dem internationalen Artenschutzabkommen.

Wetter in Singapur

	Jan.	Feb.	März	April	Mai	Juni	Juli	Aug.	Sept.	Okt.	Nov.	Dez.
Tagestemperaturen in °C	30	30	31	31	31	31	31	31	30	31	30	29
Nachttemperaturen in °C	23	23	24	24	24	25	25	24	24	24	24	23
Sonnenschein Std./Tag	5	6	6	6	6	6	6	6	6	5	5	4
Niederschlag Tage/Monat	13	10	11	11	11	10	10	11	9	13	16	18
Wassertemperaturen in °C	27	27	28	28	28	29	28	28	28	28	28	27

SPRACHFÜHRER ENGLISCH

Do you speak English?

»Sprichst du Englisch?«
Dieser Sprachführer hilft Ihnen, die wichtigsten Wörter und Sätze auf Englisch zu sagen

Zur Erleichterung der Aussprache sind alle englischen Wörter mit einer einfachen Aussprache (in eckigen Klammern) versehen.
Folgende Zeichen sind Sonderzeichen:
- ə   nur angedeutetes »e« wie in bitte
- θ   [s] gesprochen mit der Zungenspitze zwischen den Zähnen
- ,   die nachfolgende Silbe wird betont. Bei einer Hauptbetonung steht das Zeichen oben vor der Silbe, bei einer Nebenbetonung unten.

AUF EINEN BLICK

Ja./Nein.	Yes. [jäs]/No. [nəu]
Vielleicht.	Perhaps. [pə'häps]/Maybe. ['mäibih]
Bitte.	Please. [plihs]
Danke.	Thank you. ['θänkju]
Vielen Dank!	Thank you very much. ['θänkju 'wäri 'matsch]
Gern geschehen.	You're welcome. [joh 'wälkəm]
Entschuldigung!	I'm sorry! [aim 'sori]
Wie bitte?	Pardon? ['pahdn]
Ich verstehe Sie/dich nicht.	I don't understand. [ai dəunt andə'ständ]
Ich spreche nur wenig …	I only speak a bit of … [ai 'əunli spihk ə'bit əw …]
Können Sie mir bitte helfen?	Can you help me, please? ['kən ju 'hälp mi plihs]
Ich möchte …	I'd like … [aid'laik]
Das gefällt mir (nicht).	I (don't) like it. [ai (dəunt) laik_it]
Haben Sie …?	Have you got …? ['həw ju got]
Wie viel kostet es?	How much is it? ['hau'matsch is it]
Wie viel Uhr ist es?	What time is it? [wot 'taim is it]

KENNENLERNEN

Guten Morgen!	Good morning! [gud 'mohning]
Guten Tag!	Good afternoon! [gud ahftə'nuhn]
Guten Abend!	Good evening! [gud 'ihwning]

Hallo! Grüß dich!	Hello! [hə'ləu]/Hi! [hai]
Mein Name ist …	My name is … [mai näims …]
Wie ist Ihr/dein Name?	What's your name? [wots joh 'näim]
Wie geht es Ihnen/dir?	How are you? [hau 'ah ju]
Danke. Und Ihnen/dir?	Fine thanks. And you? ['fain θänks, ənd 'ju]
Auf Wiedersehen!	Goodbye!/Bye-bye! [gud'bai/bai'bai]
Tschüss!	See you!/Bye! [sih ju/bai]
Bis morgen!	See you tomorrow! [sih ju tə'mərəu]

UNTERWEGS

Auskunft

Bitte, wo ist …?	Excuse me, where's …, please? [iks'kjuhs 'mih 'weəs … plihs]
… der Bahnhof?	… the station? ['stäischn]
… der Flughafen?	… airport? ['eəpoht]
… die Haltestelle?	… the stop? [bas stəp]
Können Sie mir bitte sagen, wie ich nach … komme?	Could you tell me how to get to …, please? ['kud_ju 'täl me haut tə gät tə … plihs]
Welches ist der kürzeste Weg nach/zu …?	Which is the quickest way to …? ['witsch_is tə 'kwikist wäi tə …]
Wie weit ist es zum/zur …?	How far is it to …? ['hau 'fahr_is_it tə …]
nah/weit	near [niə]/far [fah]
Gehen Sie geradeaus.	Go straight on. [gəu strait 'on]
Gehen Sie nach links/rechts.	Turn left/right. [töhn 'läft/'rait]
erste/zweite Straße links/rechts.	The first/second street on the left/right. [θə 'föhst/'säknd striht on θə 'läft/'rait]
Überqueren Sie …	Cross … ['kros]
… die Brücke.	… the bridge. [θə 'bridsch]
… den Platz.	… the square. [θə 'skweə]
… die Straße.	… the street. [θə 'striht]
Sie können es nicht verfehlen.	You can't miss it. [ju 'kahnt'mis_it]
Sie können … nehmen.	You can take … [ju 'kən täik]
… den Bus …	… the bus. [θə 'bas]
… die U-Bahn …	… the underground. [θə 'andəgraund]
Ich möchte … mieten.	I'd like to hire … [aid'laik tə 'haiə]
… ein Auto …	… a car. [ə 'kah]
… ein Fahrrad …	…a bike. [ə 'baik]
Wo sind bitte die Toiletten?	Where are the toilets, please? ['weərə θə 'toilits plihs]

Unfall

Hilfe!	Help! [hälp]
Achtung!	Attention! [ə'tänschn]
Vorsicht!	Look out! ['luk 'aut]
Rufen Sie bitte …	Please call … ['plihs 'kohl]

SPRACHFÜHRER ENGLISCH

… einen Krankenwagen.	… an ambulance. [ən 'ämbjuləns]
… die Polizei.	… the police. [θə pə'lihs]
… die Feuerwehr.	… the fire-brigade. [θə 'faiəbri,gäid]
Es war meine Schuld.	It was my fault. [it wəs 'mai 'fohlt]
Es war Ihre Schuld.	It was your fault. [it wəs 'joh 'fohlt]

ESSEN/UNTERHALTUNG

Wo gibt es hier …	Is there … here? ['is θeər … 'hiə]
… ein gutes Restaurant?	… a good restaurant … [ə 'gud 'rästərohng]
… ein typisches Restaurant?	… a restaurant with local specialities … [ə 'rästərohng wiθ 'ləukl ,späschi'älitis]
Gibt es hier eine gemütliche Kneipe?	Is there a nice pub here? ['is θeər_ə nais 'pab hiə]
Reservieren Sie uns bitte für heute Abend einen Tisch für vier Personen.	Would you reserve us a table for four for this evening, please? ['wud ju ri'söhw əs ə 'täibl fə foh fə θis 'ihwning plihs]
Die Speisekarte, bitte.	Could I have the menu, please. ['kud ai häw θə 'mänjuh plihs]
Ich nehme …	I'll have … [ail häw]
Bitte ein Glas …	A glass of …, please [ə 'glahs_əw … plihs]
Auf Ihr Wohl!	Cheers! [tschiəs]
Bezahlen, bitte.	Could I have the bill, please? ['kud ai häw θə 'bil plihs]
Haben Sie einen Veranstaltungskalender?	Have you got a diary of events? [həw ju got_ə 'daiəri_əw i'wänts]

EINKAUFEN

Wo finde ich …?	Where can I find …? ['weə 'kən_ai 'faind]
Apotheke	chemist's [kämists]
Bäckerei	baker's [bäikəs]
Fotoartikel	photographic materials ['fəutə'gräfik mə'tiərials]
Kaufhaus	department store [di'pahtmənt stoh]
Lebensmittelgeschäft	food store ['fuhd stoh]
Markt	market ['mahkit]

ÜBERNACHTUNG

Können Sie mir bitte … empfehlen?	Can you recommend …, please? [kən ju ,räkə'mänd … plihs]
… ein Hotel …	… a hotel … [ə həu'täl]
… eine Pension …	… a guest-house … [ə 'gästhaus]
Ich habe bei Ihnen ein Zimmer reserviert.	I've reserved a room. [aiw ri'söhwd_ə 'ruhm]

Haben Sie noch ...	Have you got ... [həw ju got]
... ein Einzelzimmer?	... a single room? [ə 'singl ruhm]
... ein Doppelzimmer?	... a double room? [ə 'dabl ruhm]
... mit Dusche/Bad?	... with a shower/bath? [wiθ ə 'schauə/'bahθ]
... für eine Nacht?	... for one night? [fə wan 'nait]
... für eine Woche?	... for a week? [fə ə 'wihk]
Was kostet das Zimmer mit ...	How much is the room with ... ['hau 'matsch is θə ruhm wiθ]
... Frühstück?	... breakfast? ['bräkfəst]
... Halbpension?	... half board? ['hahf'bohd]
... Vollpension?	... full board? ['ful'bohd]

PRAKTISCHE INFORMATIONEN

Arzt

Können Sie mir einen guten Arzt empfehlen?	Can you recommend a good doctor? [kən ju ˌräkə'mänd ə gud 'doktə]
Ich habe hier Schmerzen.	I've got pain here. [aiw got päin 'hiə]

Post

Was kostet ...	How much is ... ['hau 'matsch is]
... ein Brief ...	... a letter ... [ə 'lätə]
... eine Postkarte ...	... a postcard ... [ə pəustkahd]
... nach Deutschland?	... to Germany? [tə 'dschöhməni]

ZAHLEN

0	zero, nought [siərəu, noht]		19	nineteen [ˌnain'tihn]
1	one [wan]		20	twenty ['twänti]
2	two [tuh]		21	twenty-one [ˌtwänti'wan]
3	three [θrih]		30	thirty ['θöhti]
4	four [foh]		40	forty ['fohti]
5	five [faiw]		50	fifty ['fifti]
6	six [siks]		60	sixty ['siksti]
7	seven ['säwn]		70	seventy ['säwnti]
8	eight [äit]		80	eighty ['äiti]
9	nine [nain]		90	ninety ['nainti]
10	ten [tän]		100	a (one) hundred ['ə (wan) 'handrəd]
11	eleven [i'läwn]		1000	a (one) thousand ['ə (wan) 'θausənd]
12	twelve [twälw]		10000	ten thousand ['tän 'θausənd]
13	thirteen [θöh'tihn]			
14	fourteen [ˌfoh'tihn]		1/2	a half [ə 'hahf]
15	fifteen [ˌfif'tihn]		1/4	a (one) quarter ['ə (wan) 'kwohtə]
16	sixteen [ˌsiks'tihn]			
17	seventeen [ˌsäwn'tihn]			
18	eighteen [ˌäi'tihn]			

CITYATLAS

Cityatlas Singapur

Die Seiteneinteilung für den Cityatlas finden Sie auf dem hinteren Umschlag dieses Reiseführers

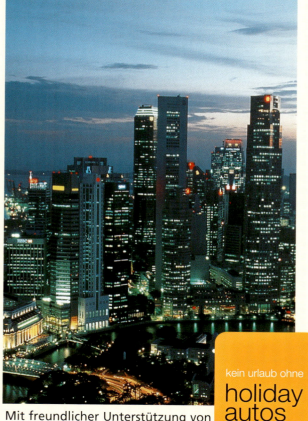

Mit freundlicher Unterstützung von

kein urlaub ohne holiday autos

www.holidayautos.com

KARTENLEGENDE CITYATLAS

German		Symbol		English / French / Dutch

Motorway / Autobahn — Autoroute / Autosnelweg

Road with four lanes / Vierspurige Straße — Route à quatre voies / Weg met vier rijstroken

Federal road or trunk road / Bundes- oder Fernstraße — Route nationale ou à grande circulation / Rijksweg of weg voor interlokaal verkeer

Main Road / Hauptstraße — Route principale / Hoofdweg

Other Roads / Sonstige Straßen — Autres routes / Overige wegen

Information / Information — Information / Informatie

One way road / Einbahnstraße — Rue à sens unique / Straat met éénrichtingsverkeer

Pedestrian zone / Fußgängerzone — Zone piétonne / Voetgangerszone

Main railway with station / Hauptbahn mit Bahnhof — Chemin de fer principal avec gare / Belangrijke spoorweg met station

Other railways / Sonstige Bahnen — Autres lignes / Overige spoorwegen

Aerial cableway / Kabinenschwebebahn — Téléférique / Kabelbaan met cabine

Underground / U-Bahn — Métro / Ondergrondse spoorweg

Ferry line - Landing stage / Fährlinie - Anlegestelle — Ligne de bac - Embarcadère / Veerdienst - Aanlegplaats

Church - Church of interest / Kirche - Sehenswerte Kirche — Église - Église remarquable / Kerk - Bezienswaardige kerk

Synagogue - Mosque / Synagoge - Moschee — Synagogue - Mosquée / Synagoge - Moskee

Temple - Temple of interest / Tempel - Sehenswerter Tempel — Temple - Temple remarquable / Tempel - Bezienswaardige tempel

Police station - Post office / Polizeistation - Postamt — Poste de police - Bureau de poste / Politiebureau - Postkantoor

Parking - Monument / Parkplatz - Denkmal — Parking - Monument / Parkeerplaats - Monument

Hospital / Krankenhaus — Hôpital / Ziekenhuis

Youth hostel - Camping site / Jugendherberge - Campingplatz — Auberge de jeunesse - Terrain de camping / Jeugdherberg - Kampeerterrein

Built-up area - Public building / Bebaute Fläche - Öffentliches Gebäude — Zone bâtie - Bâtiment public / Bebouwing - Openbaar gebouw

Industrial area / Industriegelände — Zone industrielle / Industrieterrein

Park, forest / Park, Wald — Parc, bois / Park, bos

Beach / Strand — Plage / Strand

Walking tours / Stadtspaziergänge — Promenades en ville / Wandelingen door de stad

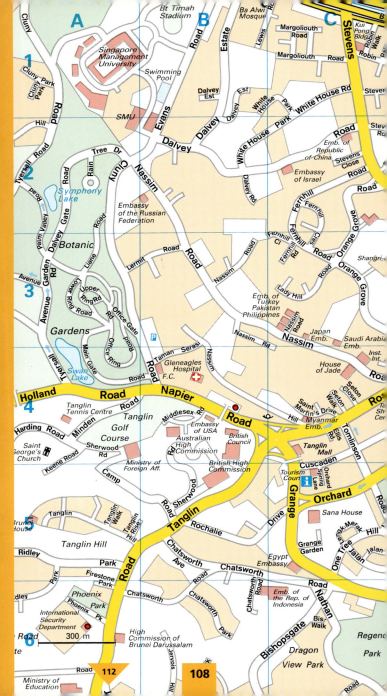

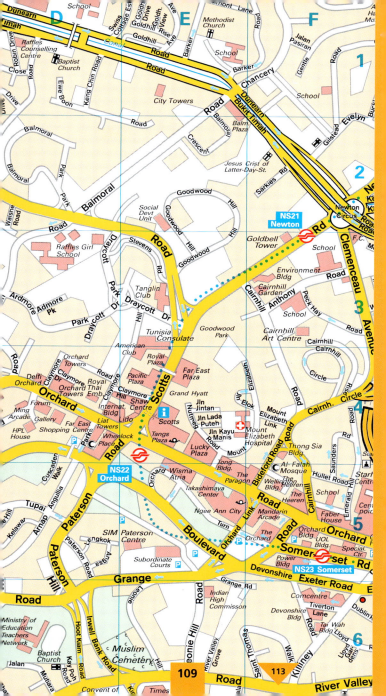

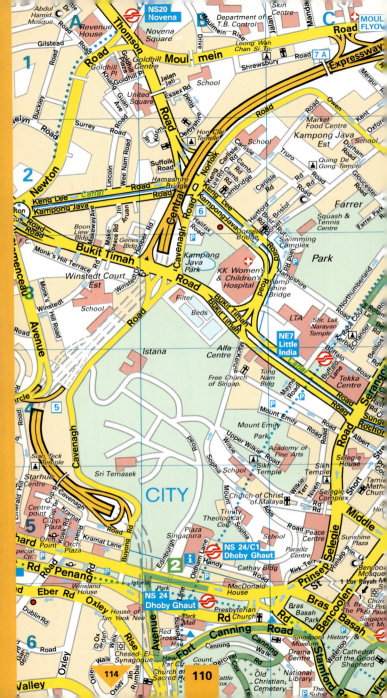

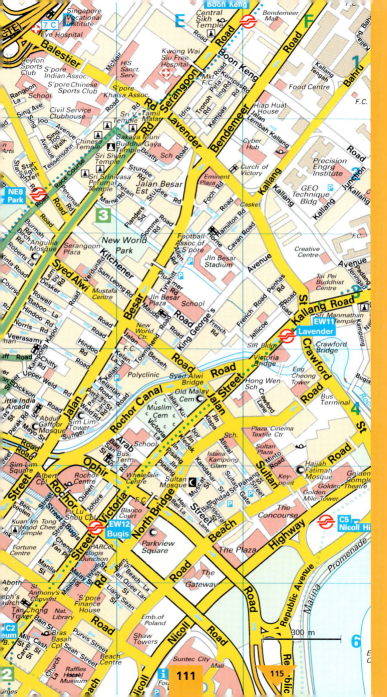

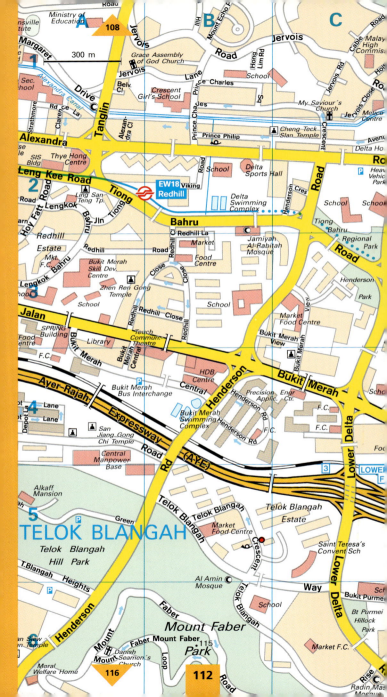

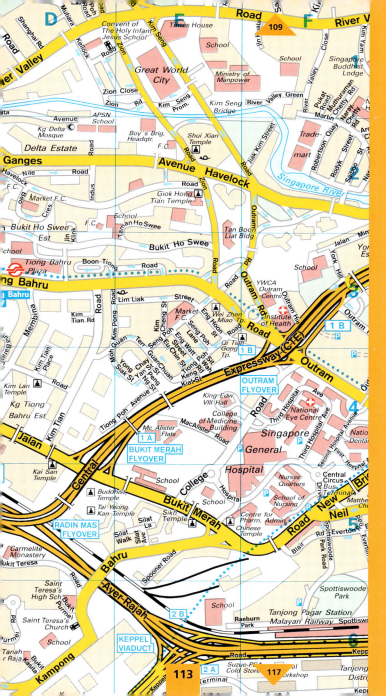

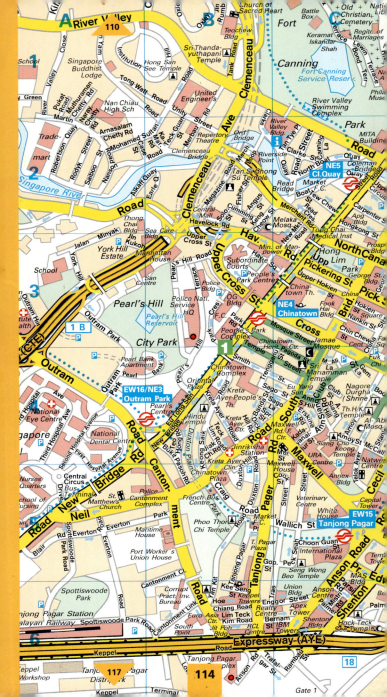

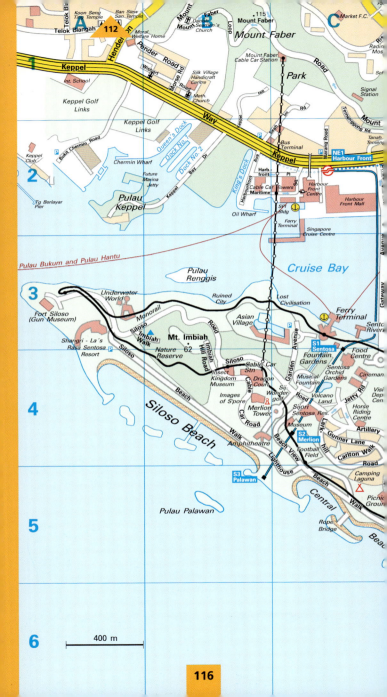

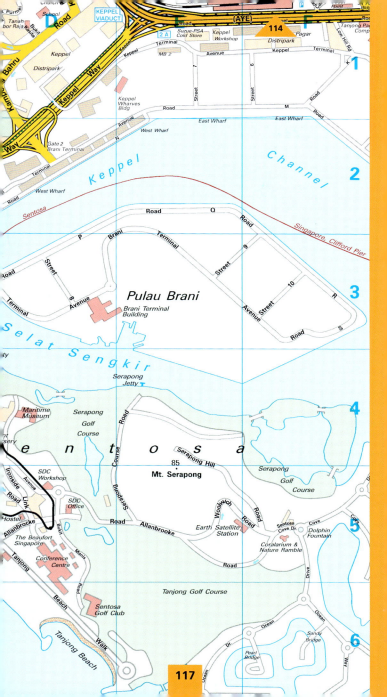

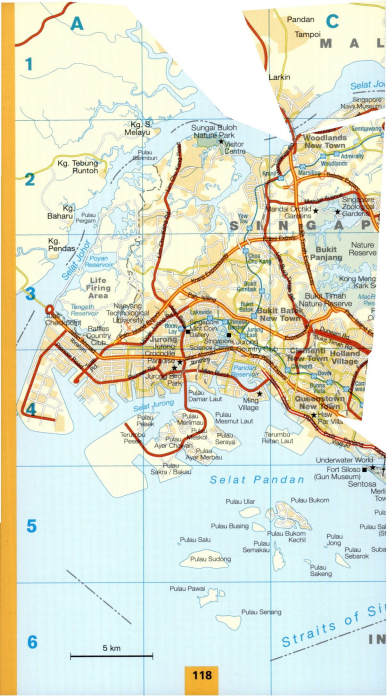

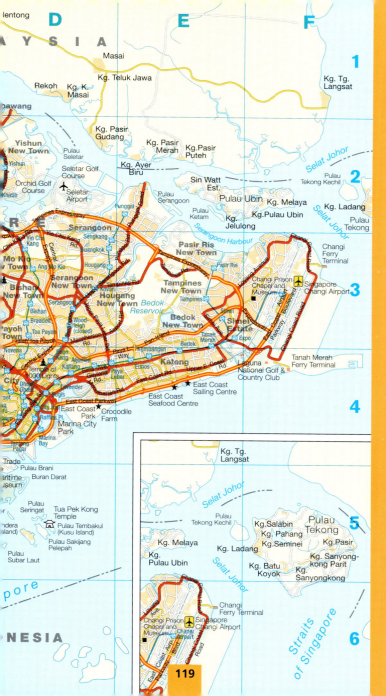

Das Register enthält eine Auswahl der im Cityatlas dargestellten Straßen und Plätze

A

Adis Road 110/B5–C5
Albert Street 110/C4–111/D5
Alexandra Close 112/A2
Alexandra Road 112/A2–113/D2
Aliwal Street 111/E4–F5
Alkaff Quay 114/A2–B2
Allanbrooke Road 117/D5–E5
Allenby Road 111/E3
Amoy Street 114/C4–115/D3
Anderson Road 108/C5–109/D2
Angullia Park 109/D4–D5
Angus Street 114/B2
Ann Siang Hill 114/C4
Ann Siang Road 114/C4
Anson Road 114/B6–C5
Anthony Road 109/F3
Arab Street 111/E4–E5
Ardmore Park 109/D3
Armenian Street 110/C6–115/D1
Arnap, Jalan 108/C5–109/D5
Arnasalam Chetty Road 114/A2
Artillery Avenue 116/C4–117/D5
Aruan, Jalan 110/A2
Asimont Lane 109/E1–F1
Ayer Rajah Expressway (AYE) 112/A4–114/C6

B

Baboo Lane 111/D3
Baghdad Street 111/E5
Bain Street 111/D6
Balestier Road 111/D1–E1
Bali Lane 111/E5
Balmoral Crescent 109/E1–E2
Balmoral Park 109/D2
Balmoral Road 109/D2–E1
Ban San Street 111/D4–E4
Banda Street 114/B4
Barker Road 109/E1–F1
Battery Road 115/D3
Beach Lane 111/E6
Beach Road 111/F4–115/E1
Beach View 116/C4
Beatty Road 111/E2
Belilios Lane 110/C3–C4
Belilios Road 110/C3
Belvedere Close 112/A1
Bencoolen Link 111/D5
Bencoolen Street 110/C6–111/D6
Bendemeer Road 111/E2–F1
Benjamin Shearas Bridge 115/F3–F1
Beo Crescent 113/D2
Bernam Street 114/B6–C6
Bernard Street 111/E5
Berseh, Jalan 111/E3–E4
Besar, Jalan 111/D4–E2
Bideford Road 109/F4–F5
Birch Road 111/D2–D3
Bishopswalk 108/C6
Bishopsgate 108/C6–112/C1
Blair Road 114/A5
Boat Quay 114/C2–115/D3
Bond Terrace 114/C1
Bonham Street 115/D3
Boon Keng Road 111/E1–F2
Boon Tat Street 114/C4–115/D4
Boon Tiong Road 113/D3–E3
Brani Terminal Avenue 116/C3–117/F3
Bras Basah Road 110/C6–115/E1
Bristol Road 110/B2–C2
Buckley Road 110/A1
Buffalo Lane 110/C4
Buffalo Road 110/C3–C4
Bugis Street 111/D5
Bukit Chermin Road 116/A1–A2
Bukit Ho Swee, Jalan 113/D2–E3
Bukit Kasita 113/D6
Bukit Manis Road 117/D5–D6
Bukit Merah Central 112/A3–B4
Bukit Merah View 112/C3–C4
Bukit Merah, Jalan 112/A3–113/E5
Bukit Pasoh Road 114/B4–B5
Bukit Purmei 113/D6
Bukit Purmei Avenue 112/C6–113/D6
Bukit Purmei Road 113/D6
Bukit Teresa Close 113/D5
Bukit Teresa Road 112/C6–113/D6
Bukit Timah Road 108/C1–110/C4
Burmah Road 111/D2–D3
Bussorah Street 111/E5
Buyong Road 110/A5

C

Cable Car Road 116/B4
Cable Road 112/C1
Cairnhill Circle 109/F4
Cairnhill Rise 109/F3–F4
Cairnhill Road 109/F3–F5
Cambridge Road 110/B2–C1
Cameron Court 109/D5–D6
Camp Road 108/A4–B5
Campell Lane 110/C4–111/D4
Canning Lane 114/C2
Canning Rice 110/B6–115/D1
Canning Walk 110/B6–C6
Canton Street 115/D3
Cantonment Close 114/A6–B5
Cantonment Link 114/B6
Cantonment Road 114/B4–B6
Carlisle Road 110/B2–C2
Carlton Walk 116/C4
Carpenter Street 114/C2
Carver Street 111/D6
Caseen Street 114/A2–B2
Cashin Street 111/D6
Cavan Road 111/E3–F2
Cavenagh Road 110/A5–B2
Cecil Street 114/C5–115/C4
Central Circus 114/A5
Central Expressway (CTE) 111/D1–113/D5
Chancery Lane 109/E1–F1
Chander Road 110/C3
Chang Charn Road 112/A2
Chatsworth Avenue 108/B5
Chatsworth Park 108/B6
Chatsworth Road 108/A6–C6
Chay Yan Street 113/E4
Cheang Hong Lim Street 115/D4
Cheang Wan Seng Place 115/D4
Cheng Yan Place 111/D5
Chin Chew Street 114/C3
Chin Swee Road 114/A3–B3
China Street 114/C3–C4
Chitty Road 111/D4
Choon Guan Street 114/C5
Church Lane 111/D6
Church Street 115/D3–D4
Circular Road 115/D2–D3
Clarence Lane 112/A1–A2
Clarke Quay 114/C1–C2
Clarke Street 114/C2
Claymore Drive 109/D4
Claymore Hill 109/D4–E3
Claymore Road 109/D4
Clemenceau Avenue 109/F2–114/B2
Clive Street 110/C4–111/D4
Club Street 114/C4
Cluny Hill 108/A2
Cluny Park 108/A1
Cluny Road 108/A2–B4
Coleman Lane 115/D1
Coleman Street 115/D1–D2
College Road 113/E5–F4
Collyer Quay 115/D4–E3
Colombo Street 115/D2
Connaught Drive 115/D2–E1
Cook Street 114/C5
Cove Drive 117/F5
Cox Terrace 110/B6–114/C1
Craig Road 114/B5
Crawford Street 111/F3–F4
Cross Street 114/B3–115/D4
Cuff Road 111/D4
Cumming Street 114/B2
Cuppage Road 110/A5
Cuscaden Road 108/C5–109/D4
Cuscaden Walk 109/D4–D5

D

Dalhousie Lane 110/C4–111/D4
D'Almeida Street 115/D3–D4
Dalvey Estate 108/B1–B2
Dalvey Road 108/B2–C2
Dalvey Gate Road 108/A2–A3
Delta Avenue 113/D1–D2
Delta Road 113/D1–D2
Depot Road 112/A4–B4
Derbyshire Road 110/B1–B2

120

STRASSENREGISTER CITYATLAS

Desker Road **111/D3**
De Souza Street **115/D3–D4**
Devonshire Road **109/F5–F6**
Dhoby Ghaut **110/C5–C6**
Dickson Hill Road **114/B4**
Dickson Road **111/D4**
Dorset Road **110/C2–111/D2**
Draycott Drive **109/D3–E3**
Dunearn Road **109/D1–F2**
Dunlop Street **110/C4–111/D4**
Durham Road **110/C2**
Duxton Hill **114/B4–B5**
Duxton Road **114/B4–B5**

E

Earle Quay **114/B2**
East Coast Parkway (ECP) **115/D6–F3**
East Lagoon Link **115/D5**
Eber Road **110/A6**
Edinburgh Road **110/A4–B5**
Ellenborough Street **114/C2**
Elok, Jalan **109/E4–F4**
Emerald Hill Road **109/F4–F5**
Eng Hoon Street **113/E3–F3**
Eng Watt Street **113/E3–E4**
Enggor Street **114/B6–C6**
Erskine Road **114/C4**
Esplanade Drive **115/E2**
Essex Road **110/B1**
Eu Chin Street **113/E3–E4**
Eu Tong Sen Street **114/B4–C4**
Evans Road **108/B1–B2**
Evelyn Road **109/F2–110/A2**
Everton Park **114/A5–B5**
Everton Road **114/A5–A6**
Ewe Boon Road **109/D1–E2**
Exeter Road **109/F5–F6**

F

Fernhill Close **108/C3**
Fernhill Crescent **108/C2–C3**
Fernhill Road **108/C2–C3**
Finlayson Green **115/D4**
Firestone Park **108/A6**
First Hospital Avenue **114/A4–A5**
Fisher Street **114/B2**
Flanders Square **111/E2**
Flint Street **115/D3**

Foch Road **111/E2**
Fort Canning Road **110/B6–C6**
French Road **111/E3–F3**
Fullerton Road **115/D2–E3**

G

Ganges Avenue **113/D2–E2**
Garen Avenue **116/C4–C3**
Garden Road **108/A3**
Gateway Avenue **116/C2–117/D4**
Gemmill Lane **114/C4**
Gentle Road **109/F1–110/A1**
George Street **114/C3**
Gilstead Road **109/F2–110/A1**
Gloucester Road **110/C2**
Goldhill Avenue **109/E1**
Goldhill Drive **109/E1**
Goldhill Plaza **110/A1–B1**
Goldhill Rise **109/E1**
Goldhill View **109/E1**
Goodwood Hill **109/E2–E3**
Gopeng Street **114/B5–C5**
Grange Garden **108/C5**
Grange Road **108/C4–109/F5**
Guan Chuan Street **113/E4**
Gunner Lane **116/C4**

H

Haji Lane **111/E5**
Halifax Road **110/B2**
Hamilton Road **111/E3–F2**
Hampshire Road **110/C3**
Handy Road **110/B5–C5**
Harding Road **108/A4**
Hastings Road **110/C4**
Havelock Road **113/D2–114/C3**
Havelock Square **114/B3–C3**
Henderson Crescent **112/C2**
Henderson Road **112/C2–116/A1**
Hertford Road **110/B2–C2**
High Street **115/D2**
Hill Street **114/C2–115/D1**
Hindoo Road **111/D3–D4**
Hoe Chiang Road **114/B6**
Hokien Street **114/C3**
Holland Road **108/A4**
Holt Road **112/C1–113/D1**
Hong Lim Road **112/B1**
Hongkong Street **114/C2–C3**

Hoot Kiam Road **109/D6**
Hopper Road **110/A3–B2**
Horne Road **111/E3–F3**
Hospital Drive **113/E5–F5**
Hoy Fatt Road **112/A2–A3**
Hullet Road **109/F5**
Hylam Street **111/D5**

I

Idris Road **111/E1**
Imbiah Hill Road **116/B3–B4**
Imbiah Walk **116/A3–B3**
Indus Road **113/D2**
Institution Hill **114/A1–B1**
Ironside Link **117/D5**
Ironside Road **116/C5–117/D5**
Irwell Bank Road **109/D6**

J

Jati, Jalan **110/B1**
Jellicoe Road **111/E3–F3**
Jervois Close **112/C1–C2**
Jervois Lane **112/A1–B1**
Jervois Road **112/A1–C1**
Jetty Road **116/C4**
Jiak Chuan Road **114/B4**
Jiak Kim Street **113/F2**
Jintan, Jalan **109/E4**
Johore Road **111/D5–E4**
Joo Avenue **111/D2**

K

Kadayanallur Street **114/C4**
Kallang Avenue **111/F2–F3**
Kallang Bahru **111/F1–F2**
Kallang Junction **111/F2**
Kallang Road **111/F3**
Kallang Tengah **111/F1**
Kampong Bahru Road **117/D1**
Kampong Bahru Road **113/F5–116/C2**
Kampong Bugis **111/F3–F4**
Kampong Kapor Road **111/D3–D4**
Kandahar Street **111/E4–E5**
Kanisha Marican Road **114/B2**
Kay Poh Road **109/D6**
Kay Siang Road **108/A6**
Kayu Manis, Jalan **109/E4**
Kee Seng Street **114/B6**

Keene Road **108/A4–A5**
Kelantan Lane **111/D4–E4**
Kelantan Road **111/D4–E4**
Kelawar, Jalan **108/C5–109/D5**
Kellock Road **113/D1–E1**
Kempas Road **111/E2–F1**
Keng Cheow Street **114/B2–C2**
Keng Chin Road **109/D1**
Keng Kiat Street **113/E4**
Keng Lee Road **110/A2–C3**
Kent Road **110/C2–D1**
Keong Saik Road **114/B4–B5**
Keppel Bay Drive **116/B2**
Keppel Hill **116/B1**
Keppel Road **117/D2–E1**
Keppel Terminal Avenue **117/D2–F1**
Keppel Way **116/A1–117/D1**
Kerbau Road **110/C3–C4**
Khiang Guan Avenue **110/A1**
Killiney Road **109/F6–110/A5**
Kim Cheng Street **113/E3**
Kim Pong Road **113/E3**
Kim Seng Road **113/E1–F2**
Kim Tian Place **113/D4**
Kim Tian Road **113/D3–D4**
Kim Yam Road **114/A1–B2**
King George's Avenue **111/E4–F3**
King Seng Promenade **113/E1**
Kinta Road **111/D3**
Kirk Terrace **110/C5–C6**
Kitchener Road **111/D3–E3**
Klang Lane **110/C3–111/D3**
Klang Road **111/D3**
Klapa, Jalan **111/E4**
Kledek, Jalan **111/E4**
Klink, Jalan **113/D2–D3**
Koek Road **110/A5**
Korma, Jalan **110/B2**
Kramat Lane **110/A5**
Kramat Road **110/A5**
Kreta Ayer Road **114/B4**
Kubor, Jalan **111/E4**
Kukoh, Jalan **114/A3–B3**

L

Lada Puteh, Jalan **109/E4**
Lady Hill Road **108/C3**
Larkhill Road **116/C4–C5**

121

Larut Road 111/D4
Lavender Street 111/E1–F3
Lembah Kallang, Jalan 111/F1–F2
Lembu Road 111/D3
Leng Kee Road 112/A2
Lengkok Angsa 109/D5–E5
Lengkok Bahru 112/A2–A3
Lengkok Merak 108/C5
Leonie Hill 109/E6
Leonie Hill Road 109/E6
Lermit Road 108/A3–B3
Lewin Terrace 114/C1
Lewis Road 108/B1–C1
Liane Road 108/A2–A3
Liang Sean Street 111/D6–E6
Lighthouse Beach Walk 116/B4–C5
Lim Liak Street 113/E3
Lim Teck Kim Road 114/B6
Lincoln Road 110/A2
Lloyd Gardens 108/F6
Lloyd Road 109/F6–110/A6
Loke Yew Street 115/D1
Lorong Payah 111/D5
Low Hill Road 117/F1
Lower Delta Road 113/D2–113/D6
Lower Ring Road 108/A3

M

MacAlister Road 113/E4
MacKenzie Road 110/B3–C4
Madras Street 111/D4
Magazine Road 114/B2
Main Gate Road 108/A3–B4
Makepeace Road 110/A2–A3
Makeway Avenue 110/A2–A3
Malabar Street 111/D6
Malacca Street 115/D3
Manila Street 111/D5
Marang Road 116/C2
Margaret Drive 112/A1
Margoliouth Road 108/C1
Marina Place 115/F5
Marina Station Road 115/D5–D6
Marina Street 115/E5
Maritime Square 116/C2
Market Street 115/D3–D4
Marne Road 111/D2–E2
Martin Road 114/A1–A2
Maude Road 111/E3
Maxwell Road 114/C4–115/D5
Mayne Road 110/C4
Mayo Street 111/D4

McCallum Street 114/C4–115/C5
McNair Road 111/D1–E1
Membina Barat, Jalan 113/D3–D4
Membina, Jalan 112/C4–113/D3
Merbau Road 114/B1–B2
Merchant Loop 114/B2
Merchant Road 114/C2
Mergui Road 110/C1
Middle Road 110/C5–111/E6
Middlesex Road 108/B4
Miller Street 111/D6
Minden Road 108/A4–B4
Minto Road 111/F4
Minyak, Jalan 114/A2–A3
Mistri Road 114/C6
Mohamad Ali Lane 114/C4
Mohamad Sultan Road 114/A2–B1
Moh Guan Terrace 113/E3–E4
Monk's Hill Road 110/A3
Monk's Hill Terrace 110/A3
Mosque Street 114/B3–C3
Moulmein Rise 110/B1–C1
Moulmein Road 110/B1–C1
Mount Echo Park 108/B6–112/B1
Mount Elizabeth 109/E4–F4
Mount Elizabeth Link 109/F4
Mount Emily Road 110/B4–C4
Mount Faber Loop 116/B1
Mount Faber Road 116/B1–C1
Mount Sophia 110/B5–C5
Muscat Street 111/E5
Muthuraman Chetty Road 114/A1
Mutiara, Jalan 109/D6

N

Nankin Street 114/C3
Nanson Road 114/A2–B2
Napier Road 108/B4
Narayanan Chetty Road 114/A1–A2
Nassim Road 108/A2–109/C4
Nassim Road 108/B3
Nathan Road 108/C6–113/D1
Neil Road 114/A5–C4
New Bridge Road 114/A5–C2
New Market Road 114/B3–C2
Newton Circus 109/F2

Newton Road 110/A1–A2
Nicoll Highway 111/F5–115/E1
Nile Road 113/D2
Niven Road 110/C4–C5
Norfolk Road 110/B2–C1
Norris Road 111/D3
North Boat Quay 114/C2–15/D2
North Bridge Road 111/F4–115/D2
North Canal Road 114/C3–D3
Nothumberland Road 110/C3–111/D2
Nutmeg Road 109/E4

O

Ocean Drive 117/E6–F6
Office Gate Road 108/A3
Office Ring Road 108/A3–A4
Oldham Lane 110/B5
One Tree Hill 108/C5–109/D5
Ophir Road 111/D4–F6
Orange Grove Road 108/C2–109/D4
Orchand Boulevard 108/C5–109/E5
Orchard Link 109/E5–F5
Orchard Road 109/D4–110/C6
Orchard Turn 109/E5
Outram Hill 114/A3
Outram Park 114/A3–A4
Outram Road 113/F2–114/A4
Owen Road 110/C1–111/D2
Oxford Road 110/C2–111/D1
Oxley Rise 110/A6–B6
Oxley Road 110/A5–A6
Oxley Walk 110/A6

P

Pagoda Street 114/B3–C4
Pahang Street 111/E5–F5
Palm Valley Road 108/A2–A3
Palmer Road 114/C6–115/D6
Park Crescent 114/B3
Park Road 114/B3
Parliament Lane 115/D2
Parsi Road 114/C2
Pasar Lane 111/D4
Pasiran, Jalan 109/F1
Paterson Hill 109/D5–D6
Paterson Road 109/D5–E4
Pearl Bank 114/A4–B4
Pearl's Hill Road 114/B3
Pearl's Hill Terrace 114/B3–B4

Peck Hay Road 109/F3
Peck Seah Street 114/C5
Pekin Street 114/C3–115/D3
Penang Lane 110/B6
Penang Road 110/A5–B6
Pender Road 116/A1–B1
Peng Nguan Street 113/E4
Penhas Road 111/F3
Perak Road 111/D4
Percival Road 110/B6–C6
Perumal Road 111/D2
Petain Road 111/E2
Petaling Road 111/E1
Phillip Street 115/D3
Pickering Street 114/C3
Pinang, Jalan 111/E4–E5
Pisang, Jalan 111/E4
Pitt Street 111/D4
Plumer Road 111/D3
Prince Charles Crescent 112/B2–C2
Prince Charles Square 112/B1
Prince Edward Link 115/D5–D6
Prince Edward Road 114/C5–115/D6
Prince Philip Avenue 112/B2–C2
Prinsep Court 110/C5
Prinsep Link 110/C5
Prinsep Street 110/C6–111/D4
Pukat Road 114/A1
Purvis Street 111/D6

Q

Queen Street 110/C6–111/E4

R

Race Course Lane 111/D3
Race Course Road 110/C3–111/E1
Raeburn Park 113/E6–F6
Raffles Avenue 115/E1–E2
Raffles Boulevard 115/E1–F2
Raffles Link 115/E1–E2
Raffles Quay 115/D4
Rambau Street 114/C6
Rangoon Lane 111/D1
Rangoon Road 110/C1–111/D2
Rappa Terrace 111/D3
Read Crescent 114/C2
Read Street 114/C2
Redhill Close 112/A3–B3
Redhill Lane 112/B3
Redhill Road 112/A3–B3
Republic Boulevard 111/F6–115/F2
Ridley Park 108/A5–A6

STRASSENREGISTER CITYATLAS

River Valley Close 114/A1
River Valley Green 113/F1
River Valley Grove 109/E6
River Valley Road 113/D1–114/C2
Road J 117/F1–F2
Road K 117/F1
Road M 117/E1–F1
Road N 117/D2–E2
Road P 117/D3–D2
Road Q 117/E2
Road R 117/F2–F3
Road S 117/F3
Roberts Lane 111/D3
Robertson Quay 114/A2
Robin Close 108/C1–109/D1
Robin Drive 109/D1
Robin Lane 108/C1–109/D1
Robin Road 108/C2–109/D1
Robin Walk 108/C1
Robinson Road 114/C5–115/D4
Rochalie Drive 108/B5–C5
Rochor Canal Road 110/C4–111/F4
Rochor Road 111/D5–115/F1
Rodyk Street 114/A2
Rowell Road 111/D3
Rutland Road 110/C2–C3

S

Sago Lane 114/B4–C4
Sago Street 114/B4–C4
Saiboo Street 114/A2
Saint Andrew's Road 115/D2–E1
Saint Gregory's Place 115/D1
Saint Martin's Drive 108/C4
Saint Thomas Walk 109/F6
Sam Leong Road 111/D3–E3
Sarkies Road 109/F2
Saunders Road 109/F4–F5
Scotts Road 109/E4–F2
Seah Im Road 116/B2–C1
Seah Street 111/D6
Second Hospital Avenue 114/A4
Selegie Road 110/C4–C5
Seng Poh Lane 113/E3
Seng Poh Road 113/E3–E4
Sentosa Cove Avenue 117/F5
Serangoon Road 110/C4–111/F1
Serapong Course Road 117/E5–E4
Serapong Hill Road 117/E4–F5
Seton Close 108/C4
Seton Walk 108/C4
Shanghai Road 113/D4
Shenton Way 114/C6–115/D4
Sherwood Road 108/A4–B5
Short Street 110/C4–C5
Shrewsbury Road 110/B1–B2
Silat Avenue 113/E5
Silat Lane 113/E5
Silat Walk 113/E5
Siloso Beach Walk 116/A3–B4
Siloso Road 116/A3–C4
Sing Avenue 111/D1–D2
Sing Joo Walk 111/D2
Sit Wah Road 113/E4
Smith Street 114/B4–C4
Solomon Street 114/B2
Somerset Road 109/F5–110/A5
Somme Road 111/E2–E3
Sophia Road 110/B4–C5
South Bridge Road 114/C4–115/D2
South Canal Road 114/C3–115/C3
Spooner Road 113/E5–E6
Spottiswoode Park Road 114/A5–B6
Stamford Road 110/C6–115/E1
Stanley Street 114/C4–115/D4
Starlight Road 111/D2
Starlight Terrace 111/D2
Stevens Close 108/C2
Stevens Drive 108/C1–109/D1
Stevens Road 108/C1–109/E3
Strathmore Road 112/A1
Street 6 117/F1
Street 7 117/E1
Street 8 117/D3
Street 9 117/E3–F3
Street 10 117/F3
Sturdee Road 111/E2
Suffolk Road 110/B2
Sultan Gate 111/E5–F5
Sultan, Jalan 111/E4–F5
Sungei Road 110/C4–111/E4
Surrey Road 110/A2
Swiss Cottage Estate 109/D1–E1
Syed Alwi Road 111/D3–E4
Synagogue Street 114/C3–115/D3

T

Taman Ho Swee 113/E2–E3
Taman Serasi 108/B3–B4
Tan Quee Lan Street 111/E5–E6
Tan Tye Place 114/C2
Tanglin Hill 108/A5
Tanglin Rise 108/A5–B5
Tanglin Road 109/D4–112/A2
Tanglin Walk 108/A5
Tanjong Beach Walk 117/D5–D6
Tanjong Pagar Plaza 114/B5–B6
Tanjong Pagar Road 114/C4–B6
Tanjong Pagar Terminal Avenue 114/C6–115/D6
Tank Road 114/B1
Teck Guan Street 114/B2
Teck Lim Road 114/B4
Telegraph Street 115/D4
Telok Ayer Street 114/C5–115/D3
Telok Blangah Crescent 112/B5
Telok Blangah Drive 116/A1
Telok Blangah Green 112/A5
Telok Blangah Heights 112/A5–A6
Telok Blangah Rise 112/B6–C6
Telok Blangah Street 116/A1
Telok Blangah Way 112/B5–C6
Telok, Lorong 114/C3–115/D3
Temasek Avenue 115/F1–F2
Temasek Boulevard 115/F1
Temenggong Road 116/C1–C2
Temple Street 114/B3–C4
Teo Hong Road 114/B4
Tessensohn Road 111/D2–E1
Tew Chew Street 114/C2
Third Hospital Avenue 113/F4
Thomson Road 110/A1–B2
Tiong Bahru Road 112/A2–113/F3
Tiong Poh Avenue 113/D4–E4
Tiong Poh Road 113/E4–F3
Tiong, Jalan 112/A2
Tiverton Lane 109/F6
Tomlinson Road 108/C4–C5
Tong Watt Road 114/A1–B1
Towner Road 111/E1
Townshend Road 111/E3–E4
Trafalgar Street 114/B6–C6
Tras Street 114/C5–C6
Trengganu Street 114/B4–C4
Tronoh Road 111/E1
Truro Road 110/C2
Tupai, Jalan 108/C5–109/D5
Tyersall Avenue 108/A3–A4
Tyersall Road 108/A2
Tyrwhitt Road 117/E2–E3

U

Unity Street 114/B1–B2
Upper Circular Road 114/C2
Upper Cross Street 114/B3
Upper Dickson Road 110/C4–111/D4
Upper Hokien Street 114/C3
Upper Pickering Street 114/C3
Upper Ring Road 108/C3
Upper Weld Road 111/D4
Upper Wilkie Road 110/B4–C4

V

Veerasamy Road 111/D3–D4
Verdun Road 111/D3
Victoria Street 111/F4–115/D1
Viking Road 112/B2

W

Wallich Street 114/C5
Walshe Road 109/D2
Waterloo Street 110/C6–111/D5
Wee Nam Road 110/A2
Weld Road 111/D4
White House Park 108/B1–B2
White House Road 108/C1
Wilkie Road 110/B4–C5
Wilkie Terrace 110/C5
Winstedt Drive 110/A3
Winstedt Road 110/A3
Woolwich Road 117/E5–F5
Worcester Road 110/C2–111/D2

Y

Yan Kit Road 114/B5–B6
Yong Siak Street 113/E4
York Hill 114/A3

Z

Zion Close 113/D1–E1
Zion Road 113/E1–E3

123

anzeige

mehr sehen schon vor dem urlaub:
hier zeigen wir ihnen alle vorteile von
holiday autos.

als weltgrößter vermittler von ferienmietwagen
bieten wir ihnen mietwagen in über 80 urlaubsländern
zu äußerst attraktiven alles inklusive preisen.
und wenn wir von „alles inklusive" reden, dann meinen
wir das auch so. denn im preis von holiday autos
ist wirklich alles inbegriffen:

- vollkaskoversicherung ohne selbstbeteiligung
  im schadensfall
- kfz-diebstahlversicherung ohne selbstbeteiligung
- erhöhte haftpflichtdeckungssumme
- unbegrenzte kilometer
- alle lokalen steuern
- flughafenbereitstellung
- flughafengebühren

buchen sie gleich in ihrem reisebüro,
unter www.holidayautos.de oder
telefonisch unter 0180 5 17 91 91 (12 ct/min)

kein urlaub ohne

holiday
autos

MARCO ⊕ POLO

Für Ihre nächste Reise gibt es folgende Titel:

Deutschland
Allgäu
Amrum/Föhr
Bayerischer Wald
Berlin
Bodensee
Berchtesgaden
Chiemgau
Dresden
Sächsische
Schweiz
Düsseldorf
Eifel
Erzgebirge/
Vogtland
Franken
Frankfurt
Hamburg
Harz
Heidelberg
Köln
Lausitz/Spreewald/
Zittauer Gebirge
Leipzig
Lüneburger Heide/
Wendland
Mark Brandenburg
Mecklenburgische
Seenplatte
Mosel
München
Nordseeküste
Schleswig-
Holstein
Oberbayern
Ostfriesische
Inseln
Ostfriesland
Niedersachsen
Nordseeküste
Ostseeküste
Mecklenburg-
Vorpommern
Ostseeküste
Schleswig-
Holstein
Pfalz
Potsdam
Rügen
Ruhrgebiet
Schwäbische Alb
Schwarzwald
Stuttgart
Sylt
Thüringen
Usedom
Weimar

Österreich Schweiz
Berner Oberland/
Bern
Kärnten
Österreich
Salzburger Land
Schweiz
Tessin
Tirol
Wien
Zürich

Frankreich
Bretagne
Burgund
Côte d'Azur
Disneyland Paris
Elsass
Frankreich
Französische
Atlantikküste
Korsika
Languedoc/
Roussillon
Loire-Tal
Normandie
Paris
Provence

Nordeuropa
Bornholm
Dänemark
Finnland
Island
Kopenhagen
Norwegen
Schweden
Südküste
Türkische
Westküste
Zakinthos
Südschweden/
Stockholm

Westeuropa Benelux
Amsterdam
Brüssel
Chicago und
die Großen Seen
England
Flandern
Florida
Hawaii
Irland
Kanalinseln
London
Luxemburg
Niederlande
Niederländische
Küste
Schottland
Südengland

Italien Malta
Apulien
Capri
Dolomiten
Elba/Toskanischer
Archipel
Emilia-Romagna
Florenz
Gardasee
Golf von Neapel
Ischia
Italien
Italienische Adria
Italien Nord
Italien Süd
Kalabrien
Ligurien
Lombardei
Mailand
Malta
Neapel
Oberitalienische
Seen
Piemont/Turin
Rom
Sardinien
Sizilien
Süditrol
Toskana
Umbrien
Venedig
Venetien/Friaul

Spanien Portugal
Algarve
Andalusien
Barcelona
Costa Blanca
Costa Brava
Costa del Sol/
Granada
Fuerteventura
Gran Canaria
Ibiza/Formentera
Jakobsweg
Spanien
La Gomera/
El Hierro
Lanzarote
La Palma
Lissabon

Griechenland Türkei
Athen
Chalkidiki

Afrika Vorderer Orient
Ägypten
Djerba/
Südtunesien
Dubai/Emirate/Oman
Israel
Jemen
Jerusalem
Jordanien
Kenia
Marokko
Namibia
Südafrika
Syrien
Tunesien

Asien
Bali/Lombok
Bangkok
China
Hongkong/Macau
Indien
Japan
Ko Samui/Ko Phangan
Malaysia
Nepal
Peking
Philippinen
Phuket
Rajasthan
Shanghai
Singapur
Sri Lanka
Thailand
Tokio
Vietnam

Indischer Ozean Pazifik
Australien
Hawaii
Malediven
Mauritius
Neuseeland
Seychellen
Südsee

Nordamerika
Alaska
Florida
Hawaii
Kalifornien
Kanada
Kanada Ost
Kanada West
Las Vegas
Los Angeles
New York
San Francisco
USA
USA Neuengland/
Long Island
USA Ost
USA Südstaaten
USA Südwest
USA West
Washington D.C.

Mittel- und Südamerika
Argentinien
Brasilien
Chile
Costa Rica
Dominikanische
Republik
Jamaika
Karibik
Große Antillen
Karibik/
Kleine Antillen
Kuba
Mexiko
Peru/Bolivien
Venezuela
Yucatán

Südosteuropa
Bulgarien
Bulgarische
Schwarz-
meerküste
Dalmatien
Kroatische Küste/
Istrien/Kvarner
Slowenien
Kroatische Küste/
Slowakei
Rumänien
Riesengebirge
Prag
Polen
Plattensee
Moskau
Masurische Seen
Nehrung
Litauen/Kurische
Kaliningrader
Gebiet
Budapest
Baltikum

Osteuropa
Sankt Petersburg
Tschechien
Ungarn
Russland

Sprachführer
Arabisch
Englisch
Französisch
Griechisch
Italienisch
Kroatisch
Niederländisch
Norwegisch
Polnisch
Portugiesisch
Russisch
Schwedisch
Spanisch
Tschechisch
Türkisch
Ungarisch

Cityguides
Berlin für Berliner
Frankfurt für
Frankfurter
München für Münchner
Stuttgart für
Stuttgarter

In diesem Register finden Sie alle Sehenswürdigkeiten, Museen und Ausflugsziele. Halbfette Seitenzahlen verweisen auf den Haupteintrag, kursive auf ein Foto.

Arab Street 15, 19, **34 f.**
Armenian Church 30
Asian Civilisations Museum 38, **39 f.**, 85 f.
Bank of China 37
Bank of India 37
Boat Quay *12*, 15, 36, *42*, 76, 84, 86, 98
Boon Lay 20
Botanic Gardens **25**, 49, 50, 61, 80, 98
Bukit Timah Nature Reserve 91
Caltex House 37
Cathedral of the Good Shepherd 30
Central Business District *6*, 19, 36, 37
Central Sikh Temple 30
Changi Prison Chapel and Museum 40
Chettiar Temple (Sri Thandayuthapani Temple) 30
Chijmes 20 f., 76, 85 f.
Chinatown 8, 15, 17, 19, **35**, 40 f., 49, 62, 64, 71, 72, 76, 80, **83 ff.**, 98
Chinatown Heritage Centre 40 f.
Chinese and Japanese Gardens 25 f.
Christlicher Friedhof 27
City Hall 22, **24 f.**, 86
Clarke Quay 76, 86, 99
Dempsey Road 62
East Coast Park 26
Esplanade Theatres on the Bay *10*, *20*, **21 f.**, 28, 36, 39, 48, 57, 80, 81, 86
Far East Square 41, 84
Fort Canning Centre 27
Fort Canning Park **26 f.**, 81, 84 f.
Fountain of Wealth 42
Fullerton Hotel **22**, 28, **68**
Fuk Tak Ch'i Museum 41, 84
Geylang Serai 35 f.
Hajjah Fatimah Mosque 30 f.
Istana 22 f.
Jamae Mosque 83
Japanese Garden 25 f.
Jurong 26
Jurong Bird Park 27
Jurong Reptile Park 27 f.
Kali-Amman-Tempel 36
Kong Meng San Phor Kark See 31
Kwan Im Tong Hood Che Temple 31 f.
Lau Pa Sat
Little India 7, 8, 15, 19, **36**, 61, 63, 71, 72, 82, **86 f.**, 98
Lower Peirce Reservoir 91 f.
MacRitchie Reservoir 91 f.
Maghain Aboth Synagogue 32
Malay Heritage Centre 35
Marina Bay 17
Marina City 20, 30, **36**, 99
Marina City Park 28
Maybank 37
Merlion, Statue 28, 86
Merlion Park 28
MICA-Gebäude 62
Mohamed Sultan Road 76, 78
Mount Faber Scenic Park 28 f.
Ngee Ann City 37, **59 f.**
Nightsafari 29
One Fullerton 28, **36**, 77
Orchard Road 7, 9, 15, 19, 36, **37**, 39, 57, 58, 61, 76, 80, 84, 95, 96, 98, 99
Orchideengarten 25
Overseas Chinese Banking Corporation (OCBC) 37
Padang 19, 36, 86
The Old Parliament (The Arts House) 98
Pasir Ris 13, 20, **23**, 86
Pulau Ubin 92, 93
Raffles City 58, 60
Raffles Hotel **23 f.**, 67, 70, 71, 81, 99
Raffles Hotel Museum 41
Republic Plaza 37
Rivertales-Ausstellung 42 f.
Sakaya Muni Buddha Gaya s. Temple of Thousand Lights
Scotts Road 61
Seletar Reservoir 91 f.
Sembawang 20
Sentosa 23, 88, **89 ff.**
Serangoon Plaza **64**, 87
Singapore Art Museum **42**, 85

REGISTER

Singapore History
Museum **42 f.**, 85
Singapore Mint Coin
Gallery 43
Singapore Navy
Museum 43 f.
Singapore Philatelic
Museum 44
Singapore Science
Centre 44
Singapore Tyler Print
Institute 44 f.
Singapore Zoological
Gardens and Night-
safari 29
Sri Krishnan Temple
32

Sri Mariamman Temple
17, 32 f., 83
Sri Thandayuthapani
Temple s. Chettiar
Temple
Sri Veeramakaliamman
Temple 87
St. Andrew's Cathedral
33, 86
Standard Chartered
Bank 37
The Substation a Home
for the Arts **45**, 85
Sultan Mosque 30, 31,
33, 34
Sungei Buloh Wetland
Reserve 93

Suntec City *10*, 28, 36,
60, 98, 99
Supreme Court 22, **24**
Tampines 13
Tan Si Chong SuTemple 33
Temple of Thousand
Lights (Sakaya Muni
Buddha Gaya) (**34**, 87
Thian Hock Keng
Temple 19, **34**, 84, 85
Toa Payoh 13
Underwater World 90
United Overseas Bank 37
Upper Pierce Reservoir
91 f.
URA Centre 45
Victoria Theatre 80, 86

Schreiben Sie uns!

Liebe Leserin, lieber Leser,

wir setzen alles daran, Ihnen möglichst aktuelle Informationen mit auf die Reise zu geben. Dennoch schleichen sich manchmal Fehler ein – trotz gründlicher Recherche unserer Autoren/innen. Sie haben sicherlich Verständnis, dass der Verlag dafür keine Haftung übernehmen kann. Wir freuen uns aber, wenn Sie uns schreiben.

Senden Sie Ihre Post an die Marco Polo Redaktion,
MAIRDUMONT, Postfach 31 51, 73751 Ostfildern,
info@marcopolo.de

Impressum

Titelbild: Skyline bei Nacht (R. Freyer)
Fotos: R. Freyer (U l., 1, 4, 5 l., 5 r., 6, 7, 9, 10, 17, 18, 19, 20, 22, 24, 26, 28, 32, 33, 35, 36, 38, 40, 43, 46, 47, 48, 52, 53, 54, 56, 57, 58, 61, 63, 66, 68, 71, 72, 74, 75, 76, 78, 82, 85, 86, 88, 94, 105); J. Gutowski (90, 93); HB Verlag (U r., 2 u.); La Terra Magica: Lenz (15, 27); A. M. Mosler (U M., 34, 81); White Star: Reichelt (2 o., 16)

7., aktualisierte Auflage 2005 © MAIRDUMONT, Ostfildern
Herausgeber: Ferdinand Ranft, Chefredakteurin: Marion Zorn
Redaktion: Leonie Dlugosch, Bildredaktion: Gabriele Forst
Kartografie Citymap: © Falk Verlag, Ostfildern
Vermarktung: MAIRDUMONT MEDIA, media@mairdumont.com
Gestaltung: red.sign, Stuttgart
Sprachführer: in Zusammenarbeit mit Ernst Klett Sprachen GmbH, Stuttgart, Redaktion PONS Wörterbücher

Das Werk einschließlich aller seiner Teile ist urheberrechtlich geschützt. Jede urheberrechtsrelevante Verwertung ist ohne Zustimmung des Verlages unzulässig und strafbar. Das gilt insbesondere für Vervielfältigungen, Übersetzungen, Nachahmungen, Mikroverfilmungen und die Einspeicherung und Verarbeitung in elektronischen Systemen.
Printed in Germany. Gedruckt auf 100% chlorfrei gebleichtem Papier

Bloß nicht!

In Singapur gibt es Dinge, die man wissen sollte oder besser vermeidet. Die Gesetze sind streng

Abfälle auf den Boden werfen
Schon ein achtlos hingeworfenes Papiertaschentuch kann mit einer Geldstrafe bis zu 2000 S$ geahndet werden. Wiederholungstäter müssen bis zu 4000 S$ bezahlen und werden mit Reinigungseinsätzen bestraft.

Am Wochenende Ausflüge machen
Ab Samstagmittag zieht es Hunderttausende von Singapurern bis Sonntagabend an all die Ausflugsziele, die Sie auch besuchen wollen. Wenn es sich einrichten lässt, sollten Sie sich diesen Attraktionen besser von Montag bis Freitag widmen.

Auf dubiose Geschäftemacher hereinfallen
Nehmen Sie deshalb gleich bei der Ankunft am Flughafen den kostenlosen »Official Guide Singapore« mit. Er enthält eine Liste der Geschäfte, die mit dem »Singapore Gold Circle« für ihre Zuverlässigkeit und Qualität ausgezeichnet wurden.

Die Regelungen zu Rauchen und Kaugummi missachten
Das Rauchen ist in klimatisierten Restaurants, öffentlichen Gebäuden und Fahrstühlen verboten – eine Geldbuße von 1 000 S$ droht. Das berühmte Kaugummiverbot ist nach zwölf Jahren Dauer gelockert: In Apotheken können Sie zwei Sorten Kaugummi »aus medizinischen Gründen« kaufen – etwa als Nikotinersatz für diejenigen, die dem Rauchen abschwören. Auf die Straße spucken dürfen Sie es trotzdem nicht.

Opfer von Nepp und Schleppern werden
Sie finden im Hotel eine unter der Zimmertür durchgeschobene Karte, auf der eine Dame entspannende Massage verspricht. Oder ein Anrufer erklärt Ihnen, dass das Fremdenverkehrsamt Sie zu einer kostenlosen Stadtrundfahrt abholen wolle und der Fremdenführer an der Ecke auf Sie warte. Derlei Angebote sind illegal und der blanke Nepp. Ähnliches gilt auch für die Geschäfte der touts, der Schlepper, von denen Sie auf der Straße angesprochen werden: »Copy watch? T-Shirts? Girls?«, oder seit einiger Zeit auch für Damen: »Macho man?«.

Rauschgift dabeihaben
Keine illegalen Drogen einführen, keine kaufen, keine konsumieren! Bei mehr als 15 g Heroin, 30 g Morphium/Kokain oder 500 g Cannabis sieht der Staat zwingend die Todesstrafe (am Galgen) vor. Schon bei ein paar Krümeln Haschisch drohen Haft- sowie bei Männern Prügelstrafen.